社会媒体情境下
京津冀跨域突发事件
应急决策支持体系

陆文婷◎著

Research on the Establishment of
Cross-Region Emergency Decision Support System in Beijing,
Tianjin and Hebei under the Context of Social Media

经济管理出版社
ECONOMY & MANAGEMENT PUBLISHING HOUSE

图书在版编目（CIP）数据

社会媒体情境下京津冀跨域突发事件应急决策支持体系/陆文婷著.—北京：经济管理出版社，2021.4
ISBN 978 - 7 - 5096 - 7790 - 2

Ⅰ.①社…　Ⅱ.①陆…　Ⅲ.①突发事件—应急对策—研究—华北地区　Ⅳ.①D630.8

中国版本图书馆 CIP 数据核字（2021）第 038783 号

组稿编辑：梁植睿
责任编辑：梁植睿
责任印制：黄章平
责任校对：陈　颖

出版发行：经济管理出版社
　　　　　（北京市海淀区北蜂窝 8 号中雅大厦 A 座 11 层　100038）
网　　址：www. E - mp. com. cn
电　　话：（010）51915602
印　　刷：唐山玺诚印务有限公司
经　　销：新华书店
开　　本：720mm×1000mm/16
印　　张：12.25
字　　数：151 千字
版　　次：2021 年 4 月第 1 版　　2021 年 4 月第 1 次印刷
书　　号：ISBN 978 - 7 - 5096 - 7790 - 2
定　　价：68.00 元

前　言

2019 年 12 月，湖北武汉暴发新型冠状病毒引发的肺炎疫情，随后包括北京、上海等在内的 31 个省份也相继出现了疫情。为了遏制疫情的扩散，全国人民在春节期间取消家庭聚会，尽量减少一切外出活动，社会基本处于"停摆"状态。这次新冠肺炎疫情是中华人民共和国成立以来，传播速度最快、感染范围最广、防控难度最大的重大突发公共卫生事件。截至2020 年 3 月 16 日 11 时，据 31 个省（自治区、直辖市）和新疆生产建设兵团报告，国内累计报告确诊病例 81079 例，累计死亡病例 3218 例；全球累计确诊 168058 例，共涉及全球 130 多个国家和地区。①

实际上，近年来全球气候持续恶化导致人类生存环境面临巨大威胁，同时伴随经济社会的快速发展，可能诱发突发事件的社会风险因素也持续增多，各种自然灾害、事故灾难、公共卫生事件和社会安全事件频繁暴发，世界上多个国家和地区的人民饱受恐怖袭击、群体性传染疫病以及飓风、地震、暴雨、暴雪等各种自然灾害及其带来的次生灾害之苦。我国地域辽阔、人口众多、天气变化万千，是世界上遭遇突发公共事件和遭受自然灾害侵袭最为严重的国家之一。从 2003 年"非典型肺炎"（SARS）的全面暴

---

① 信息来自 2020 年 3 月 16 日国家卫生健康委员会官方网站和各国官方通报。

发，到 2009 年 H1N1 流感大流行，再到目前新型冠状病毒肺炎肆虐全球；从 2008 年初南方大范围低温冰雪灾害，到"5·12"汶川发生 8.0 级特大地震，再到 2012 年 7 月 21 日北京遭遇特大暴雨的袭击；从 2015 年"8·12"天津港特大火灾爆炸事故，到 2017 年北京大兴重大火灾事故，再到 2020 年 6 月北京新发地疫情再暴发……这些触目惊心的大规模突发事件频繁暴发，破坏力极强，给人民的生命、健康和财产安全带来了严重威胁和伤害。据不完全统计，近 50 年来，我国每年由地震、地质、旱涝、海洋、疫病等灾害造成的直接经济损失约占国民生产总值的 4%（陈进峰，2008），突发事件已经成为影响我国经济发展和社会安全的重要因素之一。

习近平总书记在系列讲话中提出了京津冀协同发展的重大战略思想，并就深入推进平安中国建设多次做出重要指示。然而伴随经济社会的快速发展，近年来各种自然灾害、事故灾难、公共卫生事件和社会安全事件频繁暴发，给人民的生命和财产安全带来了严重威胁。如何在京津冀协同发展的过程中，确保及时发现并有效应对突发事件已经成为政府及应急管理部门亟待解决的重要问题。

然而，大量的突发事件案例表明，突发事件不仅具有突发性、公共威胁性和紧急性，其不确定性和扩散性使突发事件错综复杂，关联程度增强，易演变为跨城市、跨省份、跨国甚至全球性（以下统称跨域）的公共问题。实际上，城市和区域往往是为了便于管理而被人为划定的行政管理边界，此划定依据并未考虑致灾因子作用的范围，因此真实发生的突发事件所涉及的范围很可能会跨越人为划定的边界（王宏伟，2017）。鉴于此，本书中的"跨域突发事件"主要是指危及范围跨越了行政地理边界或社会功能边界的突发事件。

同时，社交网络、微博、微信、网络论坛等 Web 社会媒体的广泛应用，使社会大众的交互式信息沟通能力及参与社会事务的热情达到空前程度。每当突发事件暴发，社会媒体的灾情探测、传播与反馈都非常及时，网络空间的灾情呈现几乎与实际灾情同步，这些与突发事件相关的海量社会媒体数据蕴含了突发事件各类构成要素的时空分布、活动及相互关系等极其丰富的知识内涵，正成为应急决策的重要参考信息。如果能将其快速、有效地与已有应急信息（如关键基础设施、现场 GIS 地图等）进行融合并加以综合利用，将会在突发事件决策分析和应急处理方面发挥积极作用。因此，迫切需要对京津冀开展跨域应急合作并对突发事件相关的多源信息进行有效融合和深层次挖掘，为京津冀制定更有效的跨域突发事件应急决策提供理论依据和方法支撑。

基于跨域突发事件单独应对难度大、效果不显著的问题，本书首先针对京津冀地区应急管理的现状进行了深入调查，研究了京津冀跨区域突发事件联合应对的重要性和必要性。调查内容主要包括：京津冀协同发展历程、京津冀地区基础设施现状、京津冀三地应急管理机构设置及相关职责、京津冀突发事件现状及应急处置的典型事例、京津冀应急合作现状与趋势等。通过上述调查，得出在京津冀地区构建跨区域突发事件应急决策支持体系的必要性。

针对多源异构数据实时分析难度大、综合利用率低的问题，本书从多源信息融合的视角出发，针对跨区域突发事件应急决策所面临的问题，结合社会媒体数据的特点，深入探索跨区域突发事件应急管理所涉及的多种信息源之间的相关性及其之间可能存在的交互关系。在突发事件应急管理所涉及的传统数据（京津冀三地政府业务数据和现场传感设备数据）的基础上创新性地引入动态的 Web 社会媒体数据，提出并构建了一套基于多源信息融合理论的跨区域突发事件应急决策支持体系，该体系主要包括突发事件可视化、突发事件识别与预警、应急处理对策和建议、未来演化趋势分析和预测四个层级。

第一层级是突发事件的可视化呈现，即利用已有的监测设备及网络爬虫、结合数据处理技术实时收集并深入分析突发事件相关的多源异构数据，并通过透视表和透视图等可视化技术将复杂的事件起源、发展、扩散程度等演化趋势和规律以直观形象的图表等方式准确、全面、立体地呈现出来，具体包括数据收集、数据处理和可视化三个主要步骤。突发事件可视化的主要目的是使管理者能够及时发现跨区域突发事件，准确掌握事件的起源、发展、扩散程度等演化趋势和规律等信息，为相关部门采取有效的预警、及时救援等措施提供科学依据。

第二层级是突发事件识别与预警，即利用上述可视化结果使管理者准确识别正在发生的突发事件，并根据突发事件预警需求，研究预警各个指标及其获取方法，实现分级别突发事件预警，建立突发事件预警级别评估指标体系。本书将突发事件预警这一复杂问题分解成多个相互联系的层次，选取重要指标并设定不同指标的权重，得出对突发事件发展现状及演化态势的评价结果。依据突发事件可能造成的危害程度、紧急程度和发展态势将预警级别划分为四个级别：Ⅰ级（特别严重）、Ⅱ级（严重）、Ⅲ级（较重）、Ⅳ级（一般），并依次用红色、橙色、黄色和蓝色表示。突发事件识别与预警的主要目的是对已经出现的突发事件的未来趋势和待出现的苗头形成分级别有效预警，从而能够及时发现并有效处置突发事件。

第三层级是突发事件的应急处理对策和建议，即依据突发事件的预警级别，调取专家库中类似的历史突发事件应急决策的领域知识和决策信息，辅助应急管理人员制定实时、准确的应急对策，并给出科学的救援建议。近年来，由传统的"预测－应对"向"情景－应对"的转变是应急管理决策范式的发展趋势。本书利用突发事件相关的海量社会媒体数据，实现突发事件的"情景－应对"型决策支持，分为态势研判、应急响应、救灾处置、组织协作、社会动员和综合研讨六个具体步骤。

第四层级是突发事件未来演化趋势的智能分析和预测，旨在给出前瞻性的决策支持。近年来，情景推演方法越来越多地应用到突发事件的未来演化趋势的预测中，尤其是非常规突发事件。情景推演是一种进行未来研究的方法，通过分析事物发展的多种可能性、动态性和系统性，建立描述其未来发展态势的推演方法和模型。应急决策者对突发事件进行快速、准确的情景推演，能够认识、判别和分析突发事件在不同阶段的态势变化，据此做出及时有效的应对决策，进行科学的应急处置。此外，本书还对应急处理结果进行深入分析，从而优化处理流程、提升处理效果。

此外，本书还进一步探讨了建立健全该体系所面临的五大关键问题，包括多源异构数据分析与处理问题、不同数据源的权重问题、突发事件可视化问题、多目标下应急资源调度的最优路径问题以及社会媒体情境下突发事件决策主体的构成问题，并针对上述五大关键问题给出了简要的应对措施。

本书的研究不仅能够丰富和发展突发事件应急管理理论，而且能为跨区域突发事件应急决策提供科学依据和实践指导。本书的主要研究结论如下：

（1）针对京津冀跨区域突发事件单独应对难度大、效果不显著的问题，有必要跨区域联合应对。不确定性与扩散性使突发事件错综复杂，关联性加大，易成为跨域公共问题，跨区域应急合作成为趋势，因此对京津冀跨域突发事件联合应对问题进行研究具有重要意义和现实的必要性。

（2）以多源信息融合的视角构建社会媒体情境下的跨区域突发事件应

急决策支持体系，能够提高应急决策的准确性和时效性。跨域突发事件应急管理涉及的数据具有多源性、异构性、混杂性和个体倾向性等特点，使数据实时分析难度大、综合利用率低，因此从多源信息融合的视角出发，将社会媒体引入突发事件应急决策，构建跨区域突发事件应急决策支持体系，能够有效提高政府及相关应急管理部门的应急决策水平。

（3）不同来源的信息对突发事件应急决策的重要性不同，应动态地为各信息源赋予不同权重，信息越重要，权重就越大，其对应急决策的影响也越大。本书认为，不同类别的信息对于突发事件应急决策的重要程度是不同的，政府业务数据虽然在量上让位于现场传感设备数据和 Web 社会媒体数据，但其权威性和准确性决定了其价值居于首位。利用数据挖掘方法动态地确定各个信息源的权重，对应急决策有重要作用的信息被赋予较大的权重，从而使其在应急决策制定中发挥更重要的作用。

（4）借助先进的信息技术为跨区域突发事件决策分析提供科学依据。本书的研究成果将为地方政府和各级应急管理部门应对跨区域突发事件的应急决策分析提供科学依据和实践指导，使应急决策从"理论层面"转向"实证阶段"，从"谋而后动"转向"随动而谋"，从"预测－应对"型转向"情景－应对"型决策支持，最终实现从信息优势到决策优势的转变，提高突发事件应急决策的准确性和时效性，最大限度地减少由跨区域突发事件带来的人员和财产损失，对维护京津冀地区社会安全稳定具有重要的现实意义。此外，本书的研究成果还能够为其他地区的跨区域突发事件的联合应对提供有益的经验借鉴。

基于本书的研究，提出以下四点京津冀跨域突发事件应急管理的对策和建议：

首先，加快推动京津冀地区跨区域联合应对突发事件，增强资源能源保障能力，统筹社会事业发展，加快公共服务一体化改革。

其次，将 Web 社会媒体引入突发事件应急管理，构建跨区域突发事件应急决策支持体系，为京津冀制定更有效的跨区域突发事件应急决策提供理论依据和方法支撑，实现从信息优势向决策优势转变，最大限度地减少突发事件给人民的生命财产和国民经济带来的损失，维护社会安全稳定。

再次，依据突发事件的预警级别，调取专家库相应级别的应急预案，实现突发事件的"情景－应对"型决策支持，对已经出现的突发事件的未来趋势和待出现的苗头形成分级别有效预警，并基于此完善分级别的应急预案专家库。

最后，结合社会发展现状，广泛调动社会力量参与决策，积极推动应急决策主体构成的多元化，鼓励公众和第三方机构积极参与突发事件决策，从传统单一的政府部门统一决策过渡到政府、企业、个人共同参与的多元决策。

由于笔者知识所限，本书还可能存在许多不足与疏漏之处，恳请广大读者批评指正。

目　录

导　论

全球气候持续恶化导致近年来人类生存环境面临巨大威胁，同时伴随经济社会的快速发展，可能诱发突发事件的社会风险因素也持续增多，近年来各种自然灾害、事故灾难、公共卫生事件和社会安全事件频繁暴发，世界上多个国家和地区的人民饱受恐怖袭击、群体性传染疫病以及飓风、地震、暴雨、暴雪等各种自然灾害及其带来的次生灾害之苦。我国地域辽阔、人口众多、天气变化万千，是世界上遭遇突发公共事件和遭受自然灾害侵袭最为严重的国家之一。2003年初，"非典型肺炎"（SARS）在我国暴发，内地累计病例5327例，死亡349人，波及全国20多个省份；2008年1月我国发生大范围低温、雨雪、冰冻等自然灾害，全国20个省份均不同程度受到灾害影响，多处铁路、公路、民航交通中断，大量旅客滞留站场港埠，某些重灾区甚至面临断粮危险；2008年5月12日汶川发生了里氏8.0级特大地震，这是中华人民共和国成立以来破坏性最强、波及范围最广、救灾难度最大的地震，数万名同胞失去生命，数百万群众失去家园；2012年7月21日，北京遭遇特大暴雨的袭击，暴雨引发房山地区山洪暴发，拒马河上游洪峰下泄，洪涝灾害共造成79人遇难，全市受灾人口190万人，经济损失近百亿元；2015年8月12日晚，天津港发生特大火灾爆炸事故，火光冲天，高数十米的灰白色蘑菇云瞬间腾起，距离爆炸8个多小时后，大火仍未完全扑灭，事件造成165人遇难、8人失踪，798人受伤住院治疗，304幢建筑物、12428辆商品汽车、7533个集装箱受损，事故造成直接经济损失68.66亿元；自2016年3月下旬，我国南方多省持续遭遇暴雨轮番侵袭，部分地区出现大范围强降雨和冰雹，多个省份遭遇暴雨洪水灾害，此次席卷江西、湖南、广东、广西、福建等地区的降雨已经造成大量人口受灾，部分地区农作物绝收，直接和间接经济损失严重；2019年12月，湖北武汉发生新型冠状病毒引发的肺炎疫情，为阻止疫情进一步蔓延，全国人民在春节期间取消家庭聚会，尽量减少一切外出活动，社会基本处于"停摆"状态，这是中华人民共和国成立以来，传播速度最快、感染范围最广、防控难度最大的重大突发公共卫生事件。疫情共涉及全球130多个国家和地区……这些触目惊心的大规模突发事件频繁暴发，破坏力极强，给人民的生命、健康和财产安全带来了严重威胁和伤害。据不完全统计，近50年来，我国每年由地震、地质、旱涝、海洋、疫病等灾害造成的直接经济损失约占国民生产总值的4%（陈进峰，2008），突发事件已经成为影响我国经济发展和社会安全的重要因素之一。

习近平总书记在系列讲话中提出了京津冀协同发展的重大战略思想，并就深入推进平安中国建设多次做出重要指示。然而，伴随经济社会的快速发展，近年来各种自然灾害、事故灾难、公共卫生事件和社会安全事件频繁暴发，给人民的生命和财产安全带来了严重威胁。如何在京津冀协同发展的过程中，确保及时发现并有效应对突发事件已经成为政府及应急管理部门亟待解决的重要问题。

然而，大量的突发事件案例表明，突发事件不仅具有突发性、公共威胁性和紧急性，其不确定性和扩散性使突发事件错综复杂，关联程度增强，易演变为跨域公共问题。实际上，城市和区域往往是为了便于管理而被人为划定的行政管理边界，此划定依据并未考虑致灾因子作用的范围，因此真实发生的突发事件所涉及的范围很可能会跨越人为划定的行政地理边界或社会功能边界（王宏伟，2017）。鉴于此，本书的"跨域突发事件"主要是指危及范围跨越了行政地理边界或社会功能边界的突发事件。

同时，社交网络、微博、微信、网络论坛等Web社会媒体的广泛应用，使社会大众的交互式信息沟通能力及参与社会事务的热情达到空前程度。每当突发事件暴发，社会媒体的灾情探测、传播与反馈都非常及时，网络空间的灾情呈现几乎与实际灾情同步，这些与突发事件相关的海量社会媒体数据蕴含了突发事件各类构成要素的时空分布、活动及相互关系等极其丰富的知识内涵，正成为应急决策的重要参考信息。

因此，如何快速有效地利用上述社会媒体的关键信息，使其在突发事件应急管理中发挥积极作用已成为当前的研究热点之一。然而，我国在这方面的研究和应用仍处于起步阶段，虽然网络上有一些平台利用 Web 社会媒体进行突发事件应急管理，但是大多规模较小且专用于临时救急，缺乏长效运营机制，实时危机信息的计算分析能力较弱且缺乏预警能力，所能提供的辅助决策支持信息较为有限（曾大军、曹志冬，2013）。实际上，如果能够研究"社会媒体情境"下的突发事件应急管理问题，即将上述社会媒体的动态信息与已有应急信息（如关键基础设施、应急资源分布、现场 GIS 地图等）进行快速、有效的融合并加以综合利用，使其在突发事件决策分析和应急管理方面发挥积极作用，将会为制定更有效的跨区域突发事件应急决策提供理论依据和方法支撑。

第一章

本书相关概念和理论

一、社会媒体

伴随 Web 2.0 的飞速发展，社会媒体也应运而生。社会媒体出现早期，具有能够创建在线身份、实现早期互联、与拥有共同兴趣或爱好的人创建虚拟友谊等特点（Malloy，2016）。随着技术的发展，社会媒体逐渐能够为用户提供发布实时动态的功能，用户之间能够通过实时信息共享来关注或者获知虚拟好友的日常，由此，社会媒体的信息传播的功能便诞生了。

所谓社会媒体，一方面是社会，另一方面是媒体。社会指的就是人类生存的"环境"，而媒体则是指传播信息的工具。由此可见，社会媒体是一种社会性的传播信息的工具，社会媒体最大的特点就是其社会性。社会媒体是一个虚拟社区和网络平台，为人们提供创作、分享、交流等多项功能，由于其便利快捷，因此为广大网民所接受。社会媒体本身具有用户参与度高、信息传播速度快的特点，它的出现打破了原本用户由搜寻讯息和被动接受信息的状态，这一新生事物的产生使用户成为信息的创造者和传播者。

社会媒体的广泛流行进一步引导着信息呈现爆炸式的增长，人人都能够成为信息的产生者和传播者。新浪微博自 2009 年正式推出以来，便开启了中国微博市场发展的热潮，引领和促进着中国社会媒体的发展和演变，我国社会媒体的基本格局已经基本形成。伴随科技的进步与发展，社会媒体在我国进入了快速发展的新时期，在此基础上也推动了社会的进步。根据新浪微博 2018 年用户发展报告[①]，截至 2018 年第四季度，微博月活跃用

---

① 2018 微博用户发展报告［EB/OL］. 微报告，http：//data. weibo. com/report/reportDetail? id=433。

户增至 4.62 亿，日活跃用户增至 2 亿，用户日均文字发布量 1.3 亿，日均视频或直播发布量 150 万以上，日均回答问题数 5 万以上，日均图片发布量 1.2 亿以上，日均长文发布量 48 万以上……这些数据均能够说明现代社会网民参与的社会媒体的活跃度，使社会媒体成为人们日常生活中不可或缺的一部分。在社会媒体中，用户的沟通交流、信息获取等复杂需求都能够在相较于现实情况下更加容易地得到满足，用户也能够利用自身碎片化的时间通过社会媒体获取信息、关注网络实时动态、搜索新闻实时热点等。

社会媒体作为一种"新生事物"，备受关注，学术界也对其展开了一系列研究，探究社会媒体的出现给我国带来的影响。学术界关于社会媒体的研究大致可以划分为以下两大方面：第一，围绕社会媒体本身的研究；第二，基于社会媒体所产生的数据展开研究。其中，关于对社会媒体的认知，研究者大多围绕着社会媒体的概念（Kaplan & Haenlein，2010）、起源（Malloy，2016）和发展等方面进行研究。

社会媒体源于英文"Social Media"一词，国外关于社会媒体的研究较早，学者 Antony Mayfield 早在 2008 年就在其写作的名为 *What is Social Media* 的电子书中给出了社会媒体的定义：社会媒体是一种给予用户极大参与空间的新型在线媒体。上述定义强调了社会媒体的用户参与性，并且指出了社会媒体的核心，并且在该书中作者将社会媒体的特征总结为参与、公开、交流、对话、社区化和连通性这六大特征。

目前常见的社会媒体主要包括即时通信、博客、百科问答、微博及微信等，然而对于社会媒体的定义目前尚未有公认的权威定义，并且非常容易将社会媒体与虚拟社区、自媒体、新媒体等其他用户参与度较高的应用混淆，我们应当将上述这些概念与社会媒体的概念加以区分。通常而言，在人们的认知中，虚拟社区是指通过网络相互沟通而形成的群体，彼此之间分享信息与知识，彼此之间如同友人，比如网络游戏、BBS 论坛等；自媒体能够为个人提供和共享信息、传播内容具有公开性和私密性的传播方式，比如博客、播客、百科问答等；而新媒体是以新技术作为支撑的新的媒体形态，比如手机媒体、网络媒体等。在社会媒体中，用户不仅可以与好友分享信息、关注名人偶像、转发新闻和热点消息、发布个人需求等，还能够给喜欢的图片或者"页面"点赞，给音乐、电影和书籍评分，基于此，社会媒体中往往蕴含着大量的用户行为和用户文本信息（李洋，2017）。

有学者针对社会媒体提出了表达性社会媒体的特点，他们认为，在当前"互联网＋"时代的背景下，消费者已经转变为生产型消费者，表达性社会媒体具有圈子营销、信息由垂直变水平和协同创造产品这三个典型特征（陈鹤杰等，2018）。具体来说，在微信、微博信息传播迅速的背景下，"圈里"会存在各种各样的与营销相关的内容，网络用户也从以前被动接受信息变为主动创造信息，并且在信息的传播上能够直接从信息源头获取到信息。而在用户层面，使用产品的用户能够给予回馈，将体验感受回馈给企业，企业可以针对用户的回馈信息进行产品的改进、优化或者用于新产品的开发，即用户与企业协同创造产品。

有学者对社会媒体在当前社会的发展现状很感兴趣，对其进行了综述研究（贾茜、陈晓丹，2013；丁兆云等，2014）。然而，由于社会媒体存在信息产生速度过快、信息内容杂乱无章、信息质量良莠不齐等问题，也激发学者探究出一种社交媒体质量评估的通用分类框架（Agichtein et al.，2008），用以过滤一些质量低下的信息，从而为用户创造一个高质量信息内容的网络环境。

有学者认为，社会媒体的发展对当前社会来说是机遇也是挑战。在当今企业，许多高管特别关注社会媒体的发展情况和最新动态，不仅因为社会媒体对企业来说是一种重要的营销工具，也因为社会媒体是这个时代信息传播的一种不可或缺的工具，是企业与客户接触的关键渠道。如何更好地将社会媒体用于促进企业发展，这对企业而言既是机遇，也是挑战。

经过多年的变化和发展，国内的社会媒体相继成熟，并且已经逐渐融入人们的日常生活当中。社会媒体为人们提供了一个能够自由分享日常生活状态的平台，这种平台依赖于互联网，具有诸多优点，能够使人们之间的相互沟通和交流更加便捷。目前社会媒体中的推荐、协作以及舆论性等内容都是当前的研究热点，并且由于其他相关领域技术的发展和完善，目前对社会媒体的分析和研究也越来越深入（安天征，2017）。

综上所述，本书认为社会媒体是真实人类社会在互联网的一个映射，由许多社会节点汇集在一起而构成的图网状的社会布局，是基于互联网平台的社会关系的网络化形式，具有与真实社会相似的网络结构。社会媒体的网络结构一般由节点以及节点与节点之间的边两部分构成，其中的节点可以看作社会媒体平台中的不同个体或者不同的事物，比如用户或者文档。通常在社会媒体中，假设两人之间有联系，在他们中间会有一种固定的边来表示两个人之间所拥有的关系，边的类型由它们之间的关系所决定。

二、突发事件应急管理

（一）突发事件成因及概念界定

德国社会学家乌尔里希·贝克指出，世界已经进入一个危险的社会，分配逻辑方式已经从稀缺的财富分配转变为现代的风险分配。尤其是近些年来，世界各地频繁发生大规模自然灾害，给受影响的国家或地区的社会经济及人民生活造成了不可估量的损害。此外，生产力指数级的上涨使传统的社会价值体系发生重大变化，随着城市化进程的加快和现代通信的日益普及，所有的这些因素都会使危险和潜在威胁的发生概率达到前所未有的高水平。

然而，在全球化时代，不同国家之间更加紧密的联系使风险的破坏存在于全球范围内，非常规的突发事件经常发生，从某种意义上说，风险或者是突发事件在现代社会中已经变得正常。现阶段，我们正进入经济和社会发展的关键时期，这个时期既存在经济发展，又充斥着突出的社会冲突，有极大可能会加剧社会动荡。城市规模的逐步扩大使周边环境中的能源与信息的交流不断增加，然而城市集中与辐射的增强却引得灾害的来源移向城市，这个由城市的物资、能源、信息等组成的复杂系统的脆弱性也逐渐演变，一旦突发事件暴发，灾害或者潜在威胁发生，将导致整个系统崩塌，直接影响城市经济的可持续发展（Kang et al. , 2011）。

国外研究人员通常使用"危机"和"危机管理"等术语，认为"危机""紧急情况""危机管理""应急管理"等可以互换使用，但对其赋予不同的内涵（Kang et al. , 2011）。也有学者在其研究中将突发事件定义为突然发生的、可能导致社会不稳定和严重危害公共财产和公共卫生的事件，具有突发性、政治性、复杂性、危害性和紧迫性（Liu & Luo, 2016）。

《中华人民共和国突发事件应对法》中将突发事件定义为突然发生，造成或者可能造成严重社会危害，需要采取应急处置措施予以应对的自然灾害、事故灾难、公共卫生事件和社会安全事件。本书中的"突发事件"适用于上述定义，以下分别介绍这四类突发事件的具体概念。

1. 自然灾害

自然灾害，即自然界中所发生的异常现象。纵观人类发展的历史可以看出，灾害发生的原因主要有两个：一是自然变异，二是人为影响。通常把以自然变异为主因的灾害称为自然灾害，如地震、风暴、海啸、干旱、洪涝、火山爆发等。① 自然灾害会给人类生存带来危害或损害人类的生活环境，例如 2004 年 12 月发生的印度洋海啸，波及 14 个国家，导致约 22.7 万人死亡，成为造成死亡人数最多的海啸；2011 年的东日本大地震，或成为近十年来造成经济损失最惨重的自然灾害。②

2. 事故灾难

事故灾难，是具有灾难性后果的事故。事故灾难是在人们生产、生活过程中发生的，直接由人的生产、生活活动引发的，违反人们意志的、迫使活动暂时或永久停止，并且造成大量的人员伤亡、经济损失或环境污染的意外事件。③ 其主要类型有工矿类安全事故、交通运输事故、公共设施和设备事故、环境污染和生态破坏事故，例如 2020 年 1 月 13 日，西宁市城中区南大街红十字医院公交站，一辆公交车进站上下乘客时路面突然压塌沉陷，致使公交车和车站部分人员坠入压塌陷坑内，造成 10 人遇难，17 人受伤。④

3. 公共卫生事件

公共卫生事件一般是指突发公共卫生事件。中国政府网公布的《突发公共卫生事件应急条例》中，突发公共卫生事件是指突然发生、造成或者可能造成社会公众健康严重损害的重大传染病疫情、群体性不明原因疾病、

---

① 国家自然灾害救助应急预案［EB/OL］．新华社，http：//www.gov.cn/yjgl/2006－01/11/content_ 153952.htm，2006－01－11.

② 李弘宇．吉尼斯世界纪录日：荟萃全球之最这些奇趣挑战你听过吗？［EB/OL］．中新网，https：//www.chinanews.com/gj/2019/11－14/9006786.shtml，2019－11－14.

③ 国家突发公共事件总体应急预案［EB/OL］．新华社，http：//www.gov.cn/yjgl/2005－08/07/content_ 21048.htm，2005－08－07.

④ 西宁"1·13"路面塌陷重大事故灾难调查报告公布［EB/OL］．新华社，http：//www.gov.cn/xinwen/2020－07/08/content_ 5525169.htm，2020－07－08.

重大食物和职业中毒以及其他严重影响公众健康的事件，例如 2014 年西非埃博拉病毒疫情和 2020 年的新型冠状病毒疫情。根据突发公共卫生事件性质、危害程度、涉及范围，突发公共卫生事件可划分为特别重大（Ⅰ级）、重大（Ⅱ级）、较大（Ⅲ级）和一般（Ⅳ级）四级。

4. 社会安全事件

突发社会安全事件是指突然发生、造成或者可能造成重大人员伤亡、重大财产损失和对我区或部分地区的经济社会稳定、政治安定构成重大威胁或损害，有重大社会影响的涉及社会安全的紧急事件。主要包括：重大刑事案件、重特大火灾事件、恐怖袭击事件、涉外突发事件、金融安全事件、规模较大的群体性事件以及其他社会影响严重的突发性社会安全事件。①

在上述四类突发事件中，尤其需要特别关注的是突发公共卫生事件，因为突发公共卫生事件的成因具有多样性，各类突发事件均有可能引发公共卫生事件，也就是人们常说的大灾之后必然有大疫。

首先，许多公共卫生事件与自然灾害密切相关，例如地震、火灾、水灾等自然灾害发生以后，最重要的就是其是否会引起新的重大疫情。

其次，公共卫生事件与事故灾害也有密切的关联性，例如环境污染、生态破坏，以及交通事故等。

最后，社会安全事件也是形成公共卫生事件的重要原因之一，例如生物恐怖等。

此外，还有动物疫情、致病微生物、药品危险、食物中毒、职业危害等，均有可能引发公共卫生事件。因此，近年来各类公共卫生事件频繁发

---

① 新疆乌鲁木齐打砸抢烧严重暴力犯罪事件得到控制 [EB/OL]. 新华社, http://www. gov. cn/jrzg/2009 - 07/06/content_ 1357921. htm, 2009 - 07 - 06.

生，不但影响人类的健康和生命安全，还影响社会的稳定、经济的发展，各国政府及相关部门非常重视重大突发公共卫生事件的预防和控制。

（二）应急管理发展阶段

在人类历史发展的长河中，总会有不经意的无法预料的事情发生，正如天灾人祸的出现，一旦这种事情发生，人们需要采取相应的应对措施。在应急管理发展的历史上，将其分为三个历史阶段：前应急管理时期、应急管理规范时期和应急管理扩展期（高智，2018）。

1. 前应急管理时期

在 2003 年以前，关于应急管理的研究主要集中在灾害管理研究方面。自 20 世纪 70 年代中后期以来，随着地震、水旱灾害的加剧，我国学术界在单项灾害、区域综合灾害以及灾害理论、减灾对策、灾害保险等方面取得了一批重要的研究成果。然而对应急管理一般规律的综合性研究成果却相对较少。有学者早在 1994 年便对危机管理理论进行研究，指出当时的危机管理理论研究出现的两种倾向，一种是研究重心向重新重视国际关系及军事冲突的方向复归的倾向，另一种是针对自然灾害所造成的危机及其对策方面的研究倾向（魏加宁，1994）。中国行政管理学会课题组于 2012 年也对我国转型期群体突发事件进行研究，总结了群体突发事件的主要特点、产生群体突发事件的主要原因并提出相关政策建议。有学者也较早呼吁建立现代化危机管理体系，在当时产生了较大影响（薛澜，2002）。

2. 应急管理规范时期

在此时期，最典型的特征是国家开始从制度上进行设定，通过制度确定应急管理的规范，从中央到地方逐级设立应急管理机构，分别负责各辖区内的应急管理工作。1950 年的《灾难救济法》作为首部应急管理的制度新立法出台，具有里程碑式的意义。1979 年卡特发布 12127 号行政命令，成立联邦紧急事务管理局，全面负责美国的应急管理工作，紧急事务管理局的成立也标志着美国的应急管理机构正式成立，自此美国应急管理体系开始走上更加主动、更加系统化的道路。

我国在 2003 年抗击"非典"的过程中暴露了政府管理存在诸多弊病和不足，特别是应急管理工作中的薄弱环节。众所周知，2003 年"非典"事件推动了应急管理理论与实践的发展，结合事前准备不充分，信息渠道不畅通，应急管理体制、机制、法制不健全等一系列问题，促使新一届政府下定决心全面加强和推进应急管理工作。2003 年 7 月，胡锦涛同志在全国防治"非典"工作会议上明确指出了我国应急管理中存在的问题，并强调大力增强应对风险和突发事件的能力。理论和实践的需要，使 2003 年成为中国全面加强应急管理研究的初始规范之年。根据相关资料，2001 年，我国进入综合性应急预案的编写使用阶段。2004 年，国务院办公厅发布了《国务院有关部门和单位制定和修订突发公共事件应急预案框架指南》，使重大事故应急预案的编写有章可循。

3. 应急管理扩展期

进入 21 世纪以来，应急管理工作呈现多元化的发展趋势。

首先，灾害的表现形式由单一灾害向综合灾害发展，此前更多的是自然灾害转向各类突发性危机事件，对于灾害的处置也随着社会的发展越来越多元化，从单一处置转向联动处置。

其次，由被动的接受灾害的发生转向提前预测、主动预防，从源头上减少发生灾害的可能，加强对风险的管控。

再次，在处理灾害的同时，考虑灾后恢复重建工作，将灾后恢复重建也纳入灾害管理中来，在灾害处理的过程中也逐渐引入先进的科学技术。

最后，随着全球化的快速推进，社会经济各个方面也联系得越来越密切，因此对于灾害处置不再是单方面的事情，而是多领域、跨区域的综合事件。

（三）应急信息公开

关于应急信息的概念界定，目前国内外学者还没有形成统一的定义。胡税根（2009）认为，应急信息是指突发事件发生前、发生后直至解决所出现的一系列的各类信息，主要是突发事件的整个过程所产生的信息。陈帅旗（2018）认为，应急信息是指面对危机时所收集的所有与事件相关的信息、为应对该事件所采取的措施方案以及相关启示，包括事前、事中、事后三方面的信息。其中，事前信息是指突发事件发生之前，政府部门为应对该事件的预警信息，该信息有利于避免或者降低突发事件带来的危害；事中信息是指突发事件发生以后，政府部门为应对突发事件所收集到的关于突发事件的时间、地点、性质、范围、发展趋势等相关信息以及政府部门已经采取的应对突发事件的方法及措施，事中信息往往是关于突发事件的信息以及政府所采取的应急策略，将这些信息通过相关平台传递出去，使公众更加清楚突发事件的进展，可以有效瓦解谣言，最大限度地降低谣言带来的社会恐慌；事后信息是指突发事件结束后的人员安置、相关责任的追究等，事后信息及时对公众发布及其经验总结可以更好地为以后应对突发事件提供经验。

陶方林（2012）将应急信息与突发事件联合起来定义其概念，认为应急信息是在突发事件发生前后，为应对和解决因突发事件引发或带来的一系列相关问题和影响，由此而产生的收集和公开的有关突发事件发生、详细经过、最新进展、政府措施、相关政策等方面的信息。姜平（2011）认为，应急信息是指政府部门为有效地应对突发事件所需要收集的各类信息，相比之下，此界定相对抽象。肖文涛（2015）总结出应急信息本身具有的特征：搜集数据量大、覆盖面广；处理时效强、可变性大；利用的专业性强、技术水平高。

在突发事件的应急管理中，及时准确地拿到危机发生的第一手资料，对其进行分析，并将其告知公众是一件非常重要的事情。随着移动互联网的发展，当前关于突发事件的应急信息公开方面不仅局限于官方部门，其他媒体也正成为传递信息的主要力量之一。因此，在应急信息公开方面，不仅要处理好政府信息公开的工作，还要妥善处理来自其他渠道的信息。

在我国，应急信息的采集、传递渠道主要包括政府渠道、媒体渠道及公众渠道三类，并且主要以政府渠道为主，其他渠道为辅。与政府渠道的信息相比，媒体渠道和公众渠道的信息具有反应快、范围大以及形式多元化的特点，然而在实践中的应用并不广泛和突出。上述三类应急信息渠道在信息采集、获取速度、信息真实度（有效性）、传递媒介和传递形式这五个方面的特征对比参见表1-1（曾盈，2018）。

表1-1 应急信息渠道信息采集传递特征对比分析

渠道	政府渠道	媒体渠道	公众渠道
信息采集	被动、渠道窄	主动、渠道广	主动、渠道广
获取速度	层级多、耗时长	时效性要求高、耗时较短	及时收集、及时发布
信息真实度（有效性）	高	一般	低
传递媒介	以应急信息报送系统为主	各种新闻媒体、爆料热线	新媒体网络平台、电子邮箱、举报电话
传递形式	以文字为主、形式单一	文字、图片、视频、音频等多种形式	文字、图片、视频、音频等多种形式

资料来源：由文献（曾盈，2018）整理所得。

三、突发事件应急管理的多源数据

突发事件相关的信息收集、分析和综合利用是应急管理中非常关键的部分。尽管跨区域突发事件的处置常常需要多地政府及多个相关部门的共同参与，但是目前各个部门积累的突发事件处置信息和相关的空间信息大多以原始数据的形态零散地分布在各个政府部门中，缺乏深层次的分析和挖掘，许多有价值的知识湮没在海量数据中。如果能够将这些信息有效整合共享，充分发挥其价值，将会在突发事件决策分析和应急处理方面发挥积极作用，极大地提高政府应对跨域突发事件的水平。

从数据来源的角度看，突发事件应急管理涉及的数据大致划分为以下三类：

（1）政府业务数据。政府业务数据主要包括关键基础设施，人口、经济等相关行业、部门的社会运转数据，以及各部门积累的历史突发事件的处置信息，这类数据大多是结构化或者半结构化数据。

（2）应急现场传感设备数据。应急现场传感设备数据主要包括环境物理参数、文字、图片、声音、视频等应急现场相关的非结构化、多模态数据。

（3）Web 社会媒体数据。Web 社会媒体数据主要包括应急事件相关的新闻报道、论坛帖子、博客文章等网络收集的蕴含着突发事件各类构成要素的时空分布、活动及相互关系的非结构化和半结构化数据。

上述数据的形式与内容多样化、获取方式与来源多元化，不仅是多模态、异构的，而且部分网络数据还具有混杂性和个体倾向性等特点，给突发事件数据的实时分析和综合利用带来了巨大挑战。以上述 Web 社会媒体数据为例，社交网络中的一组图片往往以某个突发事件主题的形式组织在一起，虽然这些图片在其所表达的语义概念层面非常相似，都是在展示该突发事件相关的信息，但是同一突发事件主题下的每张图片可能反映的是该突发事件的不同方面，例如有些图片显示的是整个突发事件的宏观概貌，而有些图片则仅仅反映该突发事件的某一个方面或细节，因此同一主题中的图片在视觉上的差异也会较大，从而导致很难从中提取出共同的有代表性的图像特征作为后续分析的基础。

　　因此，多源异构数据的分析与处理是本书研究的难点和重点之一，后续章节将会详细阐述。

第二章

文献综述

一、社会媒体相关研究

通常来讲，社会媒体中包含用户和用户产生的信息两个主要部分。对社会媒体网络中的用户和内容信息进行学习时，可以利用作图对社会媒体进行相应的研究，因此学者对社会媒体网络的分析和研究就可以转换成对应的图模型的分析和处理。例如，在面向社会媒体的用户推荐方法的研究中，利用图的形式表示选定的社会媒体，分析用户与用户之间的联系，以及用户与文本信息之间的联系，从而发现社会媒体中用户的主题爱好分布（安天征，2017），其研究就是在相对应的图模型的基础之上进行的。

近年来，随着数据挖掘技术的发展，越来越多的研究者开始关注社会媒体这个大平台所产生的数据信息。与此同时，涌现出许多基于社会媒体数据的研究成果。通过梳理和归纳，我们发现上述研究主要分布在三个层面：基于用户层面的研究、基于企业层面的研究，以及基于社会和国家层面的研究。

（一）基于用户层面的研究

针对社会媒体中的用户，研究者分别从推荐、消费者满意度、网络舆论、自杀预防等方面着手研究。

1. 关于用户推荐

推荐是互联网网购时代的主要研究热点之一。通常来讲，推荐的过程如下：基于数据挖掘技术，获取用户的网络行为信息（杜治娟等，2017），通过对用户行为偏好的分析和研究（赵惠东，2016），对用户的差异化需求进行精准定位，并给予个性化的产品推荐，这里的产品既可以是实体产品，也可以是虚拟产品。因此，挖掘用户行为以发现用户真正的兴趣和偏好，并基于此进行精准、个性化的信息推荐，对于互联网服务提升用户体验、增强用户黏性具有十分重要的意义。

微博作为一种具有代表性的社会媒体，吸引了众多研究者的关注。考虑到信息推荐容易受到过多杂乱信息的干扰，一项基于微博数据的研究运用微博上的文本数据、用户的群体智慧信息等数据，结合深度学习的方法，对社会媒体信息推荐所涉及的关键技术展开了研究（李洋，2017）。一般情况下，研究者在研究用户推荐时，首先会关注用户的行为信息，然后根据这些信息数据针对用户个人分析其数据特征，从而预测其可能的兴趣偏好，最后将不同的商品推荐给不同的用户。然而，在实际中，用户生成内容的质量良莠不齐，并且不同用户之间往往具有很大差异，近年来基于用户贡献–社交媒体识别站点中的高质量内容的任务变得越来越重要。因此，社交媒体通常展示各种各样的信息来源，除了信息内容本身之外，还有大量的非信息内容可以使用。

在网络媒体的第一个十年，自20世纪90年代初开始，大多数在线内容类似于传统出版材料，即大部分网络用户仅是内容的消费者，在线内容由相对少量的出版商创建。自21世纪初开始，用户生成的内容在网络上越来越受欢迎，越来越多的用户开始参与在线内容的创建，而不仅是消费内容。流行的用户生成内容类域名包括博客和网络论坛、社交书签网站、照片和视频共享社区，以及Facebook和MySpace等社交网络平台，所有这些平台都强调了社区用户之间的关系。其中，社区驱动的问题/回答门户网站是用户生成内容的一种特殊形式，近年来获得了大量用户。这类问答网站为用户在网络上获取信息提供了另一种渠道，即用户遇到问题时不仅可以浏览搜索引擎的结果，还可以提供详细的信息需求，并通过这类问答网站获得由人工撰写的直接回复。与搜索引擎给出的检索结果相比较，此类问答网站给出的回答更加具有针对性，但缺乏权威性。基于此，有学者研究利用社区反馈来自动识别高质量内容的方法，并引入一个通用的分类框架，用于组合来自不同信息源的证据，并且可以针对给定的社交媒体类型和质量定义自动进行调整（Agichtein et al.，2008）。该研究通过社区问题/答案域的应用，表明此框架系统能够将高质量的项目与其他项目进行较好的区分，并且准确度接近于人类判断的思维。

现阶段推荐涉及的领域非常广泛，不仅包括网购商品的个性化推荐，还包括虚拟商品的个性化推荐，比如旅游产品的推荐等。有学者针对旅游行业，分析社会媒体中旅游数据的特点，并提出旅游数据挖掘这个新的研究方向（高新波、沈钧戈，2016）。随后，有学者对旅游业展开研究，他的研究针对旅游可视化信息（如文本数据和图像等）难以获取的问题展开，提出了一系列高效的方法，为智慧旅游带来了良好的发展前景（沈钧戈，2016）。社会媒体作为旅行者的重要信息来源之一，在线旅行信息对于用户出行非常重要，因此有学者研究社会媒体在旅游信息搜索中的作用，其研究通过使用一组预先定义的关键词和九个美国旅游目的地名称，模拟旅行者使用搜索引擎制订旅行计划（Xiang & Gretzel，2010）。对搜索结果的分析表明，社会媒体构成搜索结果的重要组成部分，搜索引擎有很大的可能性将旅行者引导到社会媒体的相关网站。这项研究表明，社会媒体在线旅游领域的重要性日益增加，而获取这些信息的目的则是能够给用户提供更优质的旅游推荐服务。

社会媒体的信息推荐研究对于互联网服务具有巨大的市场价值，随着社会媒体的广泛流行，其信息的内容也逐渐丰富，如对于时事新闻的转发评论、知识分享、广告宣传等。有部分学者针对现在的社会媒体推荐技术展开研究，主要分析了社会媒体用户和资源及推荐的特点、社会媒体资源推荐策略、社会媒体推荐的支撑技术以及社会媒体推荐面临的问题和挑战（王大玲等，2014）。有学者以微博平台为例，对社会媒体信息推荐的关键问题展开研究，研究指出社会媒体信息推荐包含了三个重要元素：信息、用户，以及将信息与用户联系起来的推荐算法（李洋，2017）。

基于社会媒体的信息同样可以用来预测用户的个性和兴趣。有学者在其研究中提出一种可以通过 Facebook 个人资料中的公开信息准确预测用户个性的方法，该预测方法基于用户的五种人格特质，包括对经验的开放性、尽职尽责、外向、宜人和神经质五个方面（Golbeck et al.，2011）。随后，国内有学者将关注点落在用户的兴趣上，该研究分别基于信息内容、拓扑关系以及两者综合的方法，按照兴趣主题对社会媒体用户进行分类（吴海涛、应时，2015）。

2. 关于消费者满意度

随着网购数量的不断增加，消费者满意度相关的研究也成为学术界的研究热点之一。从功能上讲，社交媒体为消费者提供了一个方便快捷的平台来分享其对购买产品的个人评价，从而促进了产品口碑的传播，于是营销领域的研究者纷纷掀起了口碑研究的热潮。有学者研究了消费者发布行为和营销变量（如产品价格和质量）之间的关系，并探讨了这些关系是如何为互联网和消费者评论网站吸引更多的关注，并获得客户的接受（Chen et al.，2011）。其研究表明，营销变量和消费者在线发布行为之间的关系在互联网使用的早期和成熟阶段是不同的。

近年来，社会媒体逐渐成为公众表达民意、参与政治经济活动的信息平台，自 2003 年起，便一直是网络中的热点之一。然而，关于社会媒体方面的研究近几年才兴起，有学者认为社会媒体方面的研究主要集中在情感倾向分析和话题识别这两大方向（李晶，2016）。其中，社会媒体情感倾向分析的目的是挖掘主观性评论文本中观点表达的主体及其情感倾向，以确定评论者的态度；而话题识别的主要目标则是通过对大量的文本集合进行分析、处理，从中发现隐含的语义结构，以鉴别其所讨论的内容。消费者对于产品或服务的满意度直接影响企业，有学者针对社会媒体的媒介属性对消费者满意度的关键作用和路径进行研究，发现社会媒体通过社会资本影响消费者满意度，基于上述发现，企业便能够找到从一定程度上改善消费者满意度的方法（梁欢，2016）。也有学者基于品牌忠诚度的角度进行实证调查，通过分析和研究发现品牌信任在将品牌社区中增强关系的影响转化为品牌忠诚度方面具有完全中介作用（Laroche et al.，2013）。

3. 关于网络舆论

社会媒体发展到现在，其技术已经日趋成熟，用户覆盖率也逐步攀升，然而以微博、知乎等为代表的社会媒体的快速发展也给社会带来了不少问题。信息过载、信息杂乱、虚假信息、信息传播过快等问题直接或间接导致了网络环境较差的结果，而一些信息在网络上的曝光也引起了众多网络用户的舆论，尤其是在校园这样的青年学生聚集地，学生喜欢使用这些即时通信软件分享信息，发表个人观点，表达个人情绪。

关于网络舆论的相关研究，如表 2 - 1 所示，有研究以大学生群体为研究对象，探究大学生微信应用中头像选择现状及其使用动机与头像选择之间的关系，研究结果表明：大学生微信用户在头像选择上不愿透露过多真实信息，同时倾向于对照片进行修饰，娱乐性动机、扩新动机和从众动机在不同方面均对用户头像的选择产生了显著影响（杨嫚等，2019）。针对社会热点话题，网络用户总是能够迅速传播，其传播速度之快同步于网络速度，有研究通过分析话题参与用户的特点，提出了一个能够较好地拟合和预测社会媒体热点话题的模型（韩忠明等，2015）。还有研究基于词嵌入与概率主题模型实现了对社会媒体数据的话题识别和分析，从中发现隐含的语义结构及主题信息（余冲等，2017）。针对校园舆情，学术界对此进行了深入研究，有学者设计并实现了一个面向社会媒体的高校学生网络舆情分析系统（曲拥措姆，2016），也有学者着眼于高校网络舆论的新的特点，提出现代网络信息错综复杂，应当加强和谐校园建设等切实可行的建议（张海兵，2013）。有学者以微博作为研究对象，将着眼点放在技术层面，研究微博突发话题、突发话题检测、突发话题挖掘分析方法与技术等（董国忠，2017）。

表 2-1 关于网络舆论的主要结论

作者及年份	关于网络舆论的相关结论
杨嫚等（2019）	大学生微信用户在头像选择上不愿透露过多真实信息，同时倾向于对照片进行修饰，娱乐性动机、扩新动机和从众动机在不同方面均对用户头像选择产生显著影响
韩忠明等（2015）；余冲等（2017）	提出模型对社会热点数据进行话题预测与话题识别分析
曲拥措姆（2016）；张海兵（2013）	基于社会媒体情景对高校舆论进行研究，曲拥措姆设计了一个面向社会媒体的高校学生网络舆情分析系统；张海兵提出要加强和谐校园建设等建议
董国忠（2017）；张自立、姜明辉（2012）	以微博为研究对象，董国忠从技术层面研究突发话题的检测与分析；张自立和姜明辉发现微博用户对于网络谣言的关注度与微博内容及形式本身有关
孙巍文（2013）	从公众对于舆论的关注与态度出发，发现了舆论对企业也造成了一定影响
蒙胜军、李建飞（2019）	引导主体特征、引导内容表现、引导方式呈现、熟人关系、引导者自身的政治影响力、社交媒体平台内容信息的关键性重要性、说服方法和"沉默的螺旋"效应在舆论引导效果中发挥了不同作用

资料来源：由相关参考文献整理所得。

此外，社会媒体的大量运用使网络舆论呈现出新的特点，舆论环境的开放性和难控性并存，舆论主体的复杂性与多元性并存，舆论客体群极化与低媒介素养并存，舆论介体立体多元与校园媒体引导无力并存。随着信息的增多与舆论的导向发展，网络谣言也随之出现，频频集聚大众关注点，将用户关注度引导至负面方向，为社会带来了负面影响，为此，有学者基于微博用户进行研究，发现用户对于谣言的关注度与微博内容及形式本身有关（张自立、姜明辉，2012）。同时，公众舆论不仅对网络造成影响，对于企业也会造成一定程度的影响，于是有研究从公众对于舆论的关注与态度出发，分析舆论对企业行为造成的影响（孙巍文，2013）。舆论在出现后一般会被大肆传播，于是有学者研究了社交媒体舆论引导效果的影响因素，研究发现：引导主体特征、引导内容表现及引导方式呈现对引导效果具有显著影响；熟人关系与引导者自身的政治影响力对影响引导效果有重要作用；社交媒体平台内容信息的关键性、重要性最能对他人起到引导效果；说服方法和"沉默的螺旋"效应在舆论引导中的作用最为显著和全面（蒙胜军、李建飞，2019）。

　　4. 关于自杀预防

　　在 Facebook 网站上存在一种病症，称为"Facebook 抑郁症"，这是一种现象，定义为抑郁症。这种抑郁症会在 Facebook 等社交媒体网站上发挥作用，并开始出现大量抑郁症的典型症状。与青少年抑郁症类似，患有 Facebook 抑郁症的青春期儿童和青少年情绪异常孤立，有时会转向风险较高的互联网网站和博客寻求"帮助"，这可能会导致社交媒体的滥用，甚至会产生不安全性行为或是攻击性甚至是自我毁灭性的行为。如表 2－2 所示，许多学者就社会媒体自杀预防展开了相关研究，并给出相关结论。

表 2-2　关于自杀预防的主要观点

作者及年份	关于自杀预防相关观点
O'Keeffe & Clarke-Pearson（2011）	社交媒体中质量参差不齐的信息能够对儿童和青少年的成长产生重大影响，这些影响通过良好的控制和引导可以为其带来深远的好处，包括青少年对自我、社会和世界的看法，及其价值观的形成
李昂（2015）；黄智生等（2019）	基于用户在社交媒体上发布的信息，李昂提出了一个自杀风险预测模型；黄智生等发现多数自杀者的活跃时间段是晚上八点到凌晨三点，此项研究结论能够有效预防自杀行为的发生
廖望等（2013）	社会价值取向对于社会媒体用户生产信息内容的两种动机激励机制具有调节作用
Agichtein 等（2008）；林家宝等（2019）	Agichtein 等提出了一种社交媒体质量评估的通用分类框架，提高了问答质量分类任务的准确性；林家宝等在探讨社交超载媒体对用户不持续使用意愿的作用时，发现社交媒体信息超载对疲惫有正向影响
Gilbert & Karahalios（2009）；Leskovec 等（2010）	他们将社交媒体数据映射到关系强度，基于预测模型，通过数据来预测社会媒体中用户之间的关联度
闵庆飞等（2013）	从沟通的角度，提出了社会化媒体导入引发的沟通适配重构模型
付博、刘挺（2016）	提出一种社会媒体用户隐式消费意图自动识别方法
肖永磊等（2014）	提出一种基于 Wikipedia 的微博语义概念扩展方法，有效提高了微博信息数据挖掘和分析的效果
张大勇、王妍（2019）	提出一种基于网络完整性和连通性的网络节点影响力评估指标判断个体影响力的真实水平

资料来源：由相关参考文献整理所得。

从儿童和青少年的角度出发，基于儿童和青少年广泛使用社交媒体的现象，探讨社交网站为其带来的影响，包括正面影响和负面影响，社交媒体中质量参差不齐的信息能够对儿童和青少年的成长产生重大影响，这些影响通过良好的控制和引导可以为其带来深远的好处，包括青少年对自我、社会和世界的看法，及其价值观的形成（O'Keeffe & Clarke-Pearson，2011）。

这个时代，舆论的存在也成为许多娱乐圈明星自杀的原因，有学者基于用户在社会媒体发布的数据，分析用户对于自杀的态度，并提出了一个自杀风险预测模型，防止更多自杀行为的发生（李昂，2015）。网络上存在的因抑郁症而发生的青少年自杀事件已经占据自杀事件的一定比例，微博用户在自杀死亡之后会有许多人在这个微博继续发布信息，这个微博空间被称为"现代树洞"（以下简称"树洞"）。有学者对"树洞"中的留言信息的时间特征进行了分析，发现多数自杀者的活跃时间段是从晚上八点到凌晨三点（黄智生等，2019），此项研究结论能够有效预防自杀行为的发生。

社会媒体用户是信息的生产者、传播者，而用户生产内容也有动机的因素驱动。有学者在研究中发现了两种不同的网络激励机制，包括自我导向机制和他人导向机制，研究结果表明，社会价值取向对于这两种激励机制具有调节作用（廖望等，2013）。在信息过载的情况下，社会媒体会展示各种各样的信息来源，低质量信息阻挡用户在较短的时间内搜索到精准的信息。也就是说，存在许多用户搜索到的信息多是无效信息的情况。有学者提出了一种用于社交媒体质量评估的通用分类框架，并且已经成功应用于识别网络规模社区问答门户中的高质量项目，从而使问答质量分类任务具有高度的准确性（Agichtein et al.，2008）。信息超载有时会导致用户不再持续使用某种社交媒体，有学者基于压力交互与处理理论探讨社交媒体超载对用户不持续使用意愿的作用机制，研究表明：社交超载、信息超载和交流超载均对疲惫有正向影响，男女群体对技术和关系导向的因素感知与接受度不同，面对技术压力会有不同的应变反应和结果（林家宝等，2019）。

由于社会媒体中的用户数量往往很多，并且用户与用户之间会形成一个巨大的关系网络，有研究提出了一种用户关系强度的预测模型，将社交媒体数据映射到关系强度，然后通过数据预测社会媒体中用户之间的关联度（Gilbert & Karahalios，2009；Leskovec et al.，2010）。有学者基于沟通的角度开展了概述性的研究，提出沟通管理研究的三个发展阶段，基于传统媒体的沟通、基于计算机媒体的沟通以及基于社会化媒体的沟通，并从 11个方面对基于传统计算机媒体的沟通和基于社会化媒体的沟通进行了比较研究，在此基础上提出了社会化媒体导入引发的沟通适配重构模型（闵庆飞等，2013）。

社会媒体产生的数据信息繁多，鉴于此，有学者提出了一种社会媒体中用户隐式消费意图的自动识别方法，能有效识别用户的隐式消费意图（付博、刘挺，2016）。也有学者提出了一种基于 Wikipedia 的微博语义概念扩展方法，通过自动识别与微博信息语义相关的 Wikipedia 概念丰富其内容特征，从而有效提高微博信息数据挖掘和分析的效果（肖永磊等，2014）。为确定社会媒体中的关键用户，有学者研究了影响力评价的检测方法，提出一种基于网络完整性和连通性的网络节点影响力评估指标判断个体影响力的真实水平（张大勇、王妍，2019）。

（二）基于企业层面的研究

社会媒体数据对于企业来说是一种宝贵的财富，现代社会是互联网发达的社会，许多用户会通过网络消费，而网络用户是拥有线上营销渠道的企业的潜在客户。有国外学者很早便将社会媒体放到消费者与企业之间进行研究（Mangold & Faulds，2009），国内也有学者将社会媒体的多样化结合到企业营销中，提出构建社会媒体营销生态系统能够使社会媒体发挥其更大的作用（万燕玲，2012）。

有学者认为，企业在使用社会媒体之前首先应当了解社会媒体的七个功能构建块（Kietzmann et al.，2011），有学者在其研究中提供了一个最佳实践案例，展示了一个组织如何成功地利用社交媒体吸引年轻消费者等重要受众，对于现代企业应用社交媒体提供了有益的参考和借鉴（Hanna et al.，2011）。

目前，社交媒体中存在的营销信息大多是广告，有学者通过实证研究的方法分析了社交媒体广告营销信息特征是通过媒体受众行为态度的中介效应影响用户传播意愿的机理，研究结果表明：内容感知价值、信息源影响和使用感知价值对传播意愿有正向显著影响；行为态度在内容感知价值、信息源正向影响传播意愿中起部分中介效应，在使用感知价值正向影响传播意愿中起到完全中介效应（曲洪建、何茜，2019）。有学者基于社交媒体的背景，讨论了图书营销的现状（陈鹤杰等，2018；杜娟，2015）。

此外，社会媒体数据对于企业来说还有另外一个作用——市场行情预测。有学者早在2010年就提出运用社会媒体数据预测现实世界（Asur & Huberman，2010），例如通过推特上的聊天消息预测尚未上映的电影票房，还有学者提出利用社会媒体数据预测股市，从而能够预测出金融市场行情，这在经济上也是一大发展（蒋翠清等，2015；丁效，2016）。

（三）基于社会和国家层面的研究

社会媒体承载的信息对社会和国家也具有重大的影响。有学者研究社会媒体的政治力量，社会媒体的传播手段赋予公众更大的政治力量，对于政府形成了较大压力，这也引起了我们对社会管理、国家治理问题的重点关注（曹峰等，2012；叶尔郎·马季耶夫，2013）。

社交媒体在政府中的应用主要通过政民互动的方式实现。具体来说，社会媒体对于政民互动有着更加积极的作用，有学者认为社会媒体应该充分利用起来，作为加强政民互动的有效工具和手段，政府与公众之间的互动机制也能够成为国民发展的一大促进因素（王玉琢等，2015）。有学者基于社会网络化和社交媒体应用的视角，关注通过社交网站寻找信息，从而预测人们的社会资本和公民政治参与行为（de Zúxfiga et al.，2012），其研究主要利用美国成年人的原始调查数据，测试当个人使用这些网站来跟踪有关公共事务或者社会新闻时，SNS 是否能够促进民主的理想态度和行为。社会媒体的出现及其发展壮大赋予用户言论的权利，然而社会媒体也同时塑造了抗议运动（钟伟军，2014），社交媒体是抗议活动的信息来源（Tufekci & Wilson，2012），人们主要通过使用 Facebook、电话联系或面对面交谈的人际交流来了解抗议活动。而社会媒体本身所拥有的政治力量在于支持公民社会和公共领域（Shirky，2011）。

关于政府对社会媒体的运用，有学者具体分析了政府运用社会媒体的障碍（王新才、何钟涵，2014），也有学者重点分析了政府使用社交媒体时存在的问题、面临的挑战及其相应的建议（Bertot et al.，2011）。还有研究通过大数据调查政府满意度，实现了对政府满意度的有效评估（孙玖陌等，2017）。

二、突发事件应急管理相关研究

（一）应急管理体系方面的研究

1. 应急管理研究现状及趋势

统计数据显示，由于自然灾害、事故和其他意外社会安全事件造成的人员伤亡超过 100 万人（Ye & Nie，2005）。在紧急情况下，城市中的人力、资源以及信息非常有限，然而应急管理部门必须依靠城市系统网络协同应对紧急情况，以避免可能引发整个系统崩溃的毁灭性打击。意外事件的发生、发展和演变从某种程度上说是紧急信息传播的一系列影响，紧急情况对于公众的心理和行为的影响主要是通过信息的传播（Rees & Barkhi，2001）。

有关应急管理的研究最早起源于西方国家对公共安全的研究，20 世纪六七十年代，应急管理作为一种体系形成。此后，有关公共安全方面的应急管理决策的研究又经历了一个较长的时期，主要包括公共安全管理研究萌发时期、公共安全管理研究雏形期、民防研究时期以及公共安全管理研究成熟期这四个阶段（何红霞，2018）。有学者通过总结国内外的救济过程，发现如果无法及时提供灾害和紧急情况信息，将导致预防、缓解、准备、响应、恢复和共享国内外资源的制度实施失败，因此迫切需要建立一个大规模自然灾害应急管理系统的国际动态网络，并将系统的系统理论（System – of – System SOS）引入研究，从全球化视角下的系统体系理论到应急管理体系，建立全球应急管理体系或者国内外应急管理基础设施，称为跨区域应急管理系统（Liu & Luo，2016）。有学者研究标准化应急管理系统对天花应急的响应，主要介绍了洛杉矶卫生服务部所使用的标准化应急管理系统框架 SEMS，并详细阐述了其作用原理以及应对天花病毒所需的各项功能（Kim – Farley et al.，2003）。有学者研究灾害对于澳大利亚的影响时，强调急诊医师在制订应急计划和应对灾害的整体健康方面发挥着关键作用（Abrahams，2010）。

近年来，自然灾害的频发也促使自然灾害应急管理模式需要改进和创新，这就要求我们重新审视、重新认识自然灾害对自然界、对人类社会造成的影响。有学者强调自然灾害应急管理模式的"情景"和"情境"的深度分析，通过历史灾情和虚拟仿真事件数据，对自然灾害的"情景"进行科学界定（张自立等，2009）。有学者通过相关应急信息管理的研究，主张在现实中，应急管理组织网络与应急信息网络共存（孙华程，2009）。针对由一些社会因素或者冲突引发的事件导致社会安全成为公民担心的一大因素，有学者基于推动社会安全事件预警的初衷，提出一种思维包含的概念，这一概念又进一步牵引出预警人理论，也就是主张把社会通过一定的技术手段进行全方位的预警和监控，并且建立统一的专家库定期对不同监测点进行评估，从而降低突发事故发生的概率（袁振龙，2012）。还有学者对特定地区进行特例研究，从应急管理的概念、理论出发，以陕西省安塞工业园区为例对其园区的应急管理建设工作进行分析，力图发现安塞工业园区应急管理目前存在的问题（高智，2018）。

随着城市化和信息化进程，近年来人们的社会活动日益增加并日趋多样化，使突发事件变得错综复杂，呈现跨城市、跨区域特点，单独应对难度进一步加大，国内外学者纷纷对跨域突发事件应急合作进行研究，提出要将协作性公共管理作为跨域应急管理的趋势，强调构建多主体、多层次的合作框架，重视沟通与协调的重要性。关于危机管理，有学者把危机管理的实践和理论进行了很好的结合，他提出了两种处理危机的模式，一种是基于国外在多年处理突发公共事件过程总结出来的应用模式，即由政府独自处理危机模式，目前为止这也是国外最常采用的危机处理模式；另一种是除政府外，其他社会群体也参与应对危机的管理模式，也就是在危机应对时发挥全社会的作用，在公共危机治理的过程中，也把社会大众和其他企业组织调动起来（罗伯特·希斯等，2001）。有学者认为，突发事件应急决策是一种典型的分布式组织决策，通过组织和协调地理上分散的多个部门，使其相互协作共同应对突发事件（刘丹等，2013）。有国外学者认为，缺乏协作将会导致灾害应对的失败，强调了灾害应急管理中信息共享与协作的重要性（Bharosa et al.，2010）。有研究给出了跨区域应急管理的内涵，剖析了美国应急合作模式的运行机制，为我国地方政府跨区域应急体系的构建提供了有益的参考和借鉴（谭小群、陈国华，2011）。有学者限定性地给出了城域和跨城域突发事故灾害的内涵和类型，提出并构建了一套由应急准备体系、监控预警体系、应急救援体系、恢复处置体系组成的跨城域突发事故灾害应急管理体系框架（陈国华、湛孔星，2009）。有学者提出在环渤海地区建立区域应急协调联动系统，提供整合应急资源的平台的对策（王庆明，2013）。还有学者研究了如何通过沟通参与和信息分享的中介作用有效调节应急合作中组织目标差异对应急合作关系的负向影响，从而提升应急合作的效率（严蓉，2014）。

目前针对突发事件应急合作的研究已涉及海洋污染（张相君，2007）、水污染（叶君飞，2013）、溢油（胡江山、林孝鸿，2002；周竹军、蒋奕，2009）、境外旅游（郑向敏、邹永广，2013），大气污染（朱新霞、辛邦颖，2010）等多个领域。

2. 应急管理体系研究

和国外相比，国内关于应急管理体系的研究起步较晚，但近年来发展较快。有学者针对北京奥运会，结合奥运会紧急事件管理系统规划研究了智能交通体系框架的开发方法，从组织结构、道路、人员及车辆等角度研究了建设奥运交通紧急事件管理系统的基础条件，利用智能交通系统框架开发软件按照识别用户服务、确定智能交通系统要素和确定功能模块的步骤开发了奥运紧急事件管理系统的体系框架，制定了交通阻塞、轻微交通事故、严重交通事故及奥运专用车辆故障灯紧急事件的处理预案，由此保障北京奥运交通系统可靠性（Yan et al.，2005）。有学者研究了铁路自然灾害应急管理的机制和体制，提出了铁路自然灾害应急管理体系框架，介绍了铁路自然灾害应急预案的编制和管理方法，完整描述了铁路自然灾害应急管理中的预警、响应和处置流程和实现方法，提出了铁路自然灾害应急管理评价的流程和方法，并立足于铁路自然灾害应急管理理论和方法的应用，对铁路自然灾害应急管理的代表性案例进行了分析和说明（朱薇，2018）。通过对我国自然灾害所表现出的特点以及应急物资调配体系的现状进行分析，在"情景"依赖现实的基础上构建了自然灾害应急物资调配体系（邓永伟，2016）。有学者针对京津冀区域的安全生产与应急管理工作现状，探索研究了京津冀协同发展背景下的安全生产应急管理方法，构建了"三层次"京津冀安全生产应急管理体系，并通过验证发现该应急管理体系有助于遏制安全生产事故的发生和发展（王景春等，2018）。有学者关注以政府为主导的现代应急救援体系建设，并对我国现行应急救援体系进行SWOT 分析（王峥宇，2018）。

学者会对各种各样的突发事件进行研究，虽然有关应急管理体系的研究呈现多样化的局面，然而目前应急管理领域的学者们基本一致认可的观点是，一个完整的应急管理体系应该包括六个主要系统：指挥调度系统、应急组织系统、应急资源保障系统、应急法制系统、信息管理系统和应急预案系统（计雷等，2006；曲亚萍，2014）。应急管理体系的框架如表 2 - 3 所示。

表 2 - 3　应急管理体系框架

主要系统	具体内容
指挥调度系统	保障预案实施，接收突发事件警报，负责应急资源的统一指挥、决策，向各个相关机构发出指令或授权
应急组织系统	对突发事件迅速做出反应，进行紧急救援，包括应急管理部门、功能部门、指挥中心和救援队伍

续表

主要系统	具体内容
应急资源保障系统	为突发事件的处置提供所需资源，保障救援工作与灾区群众的需要，包括人力、物力、医疗卫生、交通运输及通信
应急法制系统	应用与应急管理相关的法律法规调整各种社会关系
信息管理系统	通过多种手段采集、管理和发布信息，对突发事件发生前后的状态进行实时监控，提高面对重大突发事件的反应速度
应急预案系统	针对突发事件的预警防范、处置救援、恢复，以及组织、指挥、保障等相关内容而制订的工作计划

资料来源：由参考文献（计雷等，2006；曲亚萍，2014）整理所得。

通过上述分析，我们不难看出：目前关于应急管理体系的研究已经相对成熟，特别是在公共安全领域，已有较多学者对其进行了研究分析，但是针对京津冀这一特定地区的应急管理体系的研究仍较少，需要进一步丰富和发展。

3. 突发事件应急决策支持研究

由于突发事件具有事发突然、事态复杂、高度不确定性、涉及范围广等特点，使其应急决策过程存在决策时间短、应急预案少、决策复杂度高等问题。因此，传统的仅基于预案的应急决策方法（申晓留等，2005；刘国岩，2011；刘晓慧等，2014）无法较好地满足重大突发事件应急决策的需求。在信息化理论和技术飞速发展的新时期，李德仁院士、邹逸江教授等基于国外应急管理体系的发展现状，强调我国应当进行现代应急理论和应用跨学科、跨领域的研究，充分发挥科技在应急工作中的作用，提高应急管理的科技含量。与此同时，国内外研究者们也纷纷将人工智能理论和数据挖掘技术与突发事件应急管理相融合，为突发事件应急决策提供有效支持。同时有学者（Ji & Anwen，2010）关注互联网在突发事件中的应用。汪季玉、王金桃（2003）提出，可以通过决策支持系统技术来提高应急决策的有效性和效率，通过对危机管理应急决策的分析，从危机信息处理的角度，结合决策支持系统技术和人工智能中的案例推理方法，构建了一套基于案例推理的应急决策支持系统。

目前，针对突发事件应急决策支持的研究主要可以划分为突发事件引发及演化规律和应急措施及效果评估两大方向。其中，突发事件的引发及演化规律方面的研究主要包括突发事件的发生、发展及其次生和衍生事件等，旨在通过运用多学科理论和方法研究分析某一种突发事件本身的规律性。例如有学者（Mitchell，2002；毛静馥、苏华，2004；Khalil et al.，2008；Tsay & Ando，2012；郑远攀等，2012）在对时间数据进行处理和分析的基础上，预测突发事件的演化趋势，评价突发事件的演化状态。而突发事件的应急措施及效果评估的研究主要是基于对历史案例和数据的分析提出相应的预防或应急措施和方案，包括突发事件暴发后的人员撤离、救助方案以及救灾规划方案等，从而防止或降低由突发事件所带来的各种损失。例如有学者（Brink et al.，2012；李伟超等，2012；夏林丽、雷宏，2012；Hsu et al.，2013）使用数学模型、仿真技术以及风险评估等技术方法，给出应急决策问题的参考应急措施并对其效果进行评估。

同时有学者对溃坝洪水事件进行研究，指出自然洪水或者诱发洪水越来越受到水务管理者和民防服务的关注的三个原因，基于此，其提出一个支持洪水应急管理的系统，旨在为水务局、水坝所有者及居民保护系统提供足够的工具存储和轻松获取有关水坝及其下游山谷的信息，模拟大坝突破引发的洪水波浪，对于应急管理系统的完善具有深刻意义（Rodrigues et al.，2002）。也有学者在考虑了应急决策问题的特殊约束条件的基础上，提出了面向突发事件的复杂系统应急决策方法，为实现复杂突发事件的有效决策提供了有益的参考和借鉴（王刚桥等，2015）。

此外，考虑到突发事件的时空特性，GPS、GIS 等现代技术和设备的产生和发展也不同程度地促进了突发事件应急决策领域的研究，尤其是在资源调度、人员搜救和灾情评估方面（Gunes & Kovel，2000；Zarcadoolas et al.，2011；Rasekh & Vafaeinezhad，2012）。

（二）应急信息公开方面的研究

1. 政府应急信息公开

在突发事件处置过程中，政府信息发布是不可或缺的关键环节之一（陈艳红、刘芳，2011）。关于政府应急信息公开目前存在的不足，学者从各个方面进行了探讨，如表 2－4 所示。李亚丽（2009）提到我国政府信息公开的两个不足：一是法律内容不充足，二是缺乏健全的政府信息发布机制。胡强、李雪（2013）研究我国突发事件政府信息公开的法律问题，并根据相关法律提出其观点，同样认为中国的法律制度不健全，尤其是《中华人民共和国突发事件应对法》规定的信息公开不够全面，无法充分保障公民的知情权。此外，一些条例存在抽象性，不够清晰准确，公众无法充分理解等问题。吴卫军、邢元振（2011）提出信息公开方式传统守旧、缺乏创新。政府信息公开渠道单一导致信息无作为现象。目前，国内的信息传播方式为单向模式，政府信息的传播程序繁冗复杂，致使信息最终被大量压缩。孙卢震（2012）强调政府在信息系统中担负重要角色，是突发事件发生时信息公开的信息源头，政府履行其信息源的角色的积极程度对于突发事件的处理结果会产生重大影响。然而国内总存在一些隐瞒不报送或者迟报漏报的现象，甚至少报伤亡的现象都时有发生，以至于无法制定积极的处理措施，从而激起民众的负面情绪，对政府产生不满，不利于政府形象在民众心中的树立。张世勋（2014）在其研究中提到中国目前存在的突发事件政府信息公开出现诸多弊端，如信息公开渠道受阻、公开方式缺乏灵活性、公开内容不全面等，并且信息大多以表层现象为主，层次不够深刻，无法真正满足群众对信息的探知要求，公众不能较好地对政府展开监督职能，尤其在涉及公众自身利益的重大问题上，缺乏有效公开，导致公众知情权无法得到有效保障。

表 2-4 政府应急信息公开存在的不足

作者及年份	政府应急信息公开存在的不足
李亚丽（2009）	法律内容不充足；缺乏健全的政府信息发布机制
胡强、李雪（2013）	中国的法律制度不健全，《中华人民共和国突发事件应对法》规定的信息公开不够全面；一些条例存在抽象性，不够清晰准确
吴卫军、邢元振（2011）	信息公开方式传统守旧、缺乏创新；政府信息公开渠道单一导致信息无作为；信息传播方式为单向模式，政府信息的传播程序繁冗复杂，信息最终被大量压缩
孙卢震（2012）	经常发生一些隐瞒不报或者迟报漏报、少报伤亡的现象
张世勋（2014）	信息公开渠道受阻；公开方式缺乏灵活性；公开内容不全面；信息大多以表层现象为主；公众不能较好对政府展开监督职能；公众知情权无法得到有效保障

资料来源：由相关参考文献整理所得。

在政府应急信息公开的作用方面，如表 2-5 所示，周全胜、刘斌志（2010）认为，政府公开相关信息可以起到两方面的作用，一方面，政府定时向社会发布危机信息，可以发挥政府的权威作用，使公众远离谣言，积极引导舆论，减少公众心理的不安定因素，克服恐惧，形成政府与公众的良性互动，树立政府在公众中的形象；另一方面，政府及时公布和公开相关信息，能够在政府与公众之间建立良好的沟通渠道，使公众的知情权得到保障，促使公众增强战胜危机的信心。在政府应急信息公开的时间方面，寇丽平（2008）提出了第一时间原则，认为在第一时间发布危机信息的人将掌握舆论的主动权和事故处置的主导权；胡范铸（2003）就政府信息发布的时间准则进行了阐述，提出了政府信息发布时间准则的三个内涵——时间即真实、时间即议程、时间即逻辑，越是真实的就越是不需要掩饰的事件，政府信息发布应在第一时间进行，而且在公众接受心理中，叙述的时间就是事件的时间，应该保证叙述的合法性、恰当性和真实性。在政府应急信息公开的内容方面，郑思婧（2010）提出协调统一原则，即协调统一政府各部门的信息汇总和流出，坚持"一个声音，一种观点"，只有这样，才能有助于政策措施的连贯性和信息的权威性。左志富（2006）将面对公共危机时政府信息的发布分为四个梯度，即政府最高层首先发布信息、危机涉及的具体部门发布信息、危机应对现场的负责人发布信息以及专业技术人员发布信息，只有遵循一定的梯度规则，才能更好地实现应急决策。贺军、蒋新辉（2018）结合突发事件的具体情境，从发布工具、传达手段、传播速度、公开主体及范围等方面分析"互联网＋"背景下信息公开所呈现的新特征，从各个方面阐述政府信息公开的机遇及挑战，并提出"互联网＋"时代突发事件中的政府信息公开，应当遵循网络媒体的信息传播规律，从信息公开责任定位、信息内容表达和信息公开过程控制三个方面加强应对。

表 2 - 5　政府应急信息公开的作用

作者及年份	政府应急信息公开的作用
周全胜、刘斌志（2010）	政府定时及时发布信息，一方面可以使公众远离谣言，减少公众心理的不安定因素，树立政府在公众中的形象；另一方面在政府与公众之间建立良好的沟通渠道，使公众的知情权得到满足，增强公众战胜危机的信心

续表

作者及年份	政府应急信息公开的作用
寇丽平（2008）； 胡范铸（2003）	政府应急信息公开应在第一时间进行，掌握舆论的主动权和事故处置的主导权
郑思婧（2010）	政府应急信息公开的内容应遵循协调统一原则，坚持"一个声音，一种观点"有助于政策措施的连贯性和信息的权威性
左志富（2006）	将面对公共危机时政府信息的发布分为四个梯度，政府信息的发布应遵循一定的梯度规则，只有这样才能更好地实现应急决策
贺军、蒋新辉（2018）	"互联网＋"时代背景下，政府信息公开应遵循网络媒体的信息传播规律，从信息公开责任定位、信息内容表达和信息公开过程控制三个方面加强应对

资料来源：由相关参考文献整理所得。

2. 舆情管理

李克强总理的 2015 年政府工作报告揭开了信息技术政策的新名词——"互联网＋"，这一举措旨在"整合移动互联网、大数据、云计算和物联网"，是将中国打造成"强大的互联网强国"的更广泛战略的最新版本。2008 年中国网民数量超过美国，2015 年底达到 7 亿。百度、阿里巴巴和腾讯（BAT）等互联网公司加入了世界领先的科技公司行列，并经常被列为国家创新冠军。政策声称信息技术是促进经济增长生产力和效率的关键因素，也是更好地提供教育、文化和医疗等公共服务的关键因素。

网络舆情是在一定的社会空间内，通过网络围绕社会事件的发生、发展和变化，民众对公共问题和社会管理者产生和持有的社会政治态度、信念和价值观，是民众对诸多社会现象和热点问题所反映出的态度、观点和情绪倾向。在突发事件中，网络舆情能通过发达的移动客户端和网络社交媒体迅速形成，对社会产生巨大影响（吕静，2019）。有学者分析了网络舆论对集体事件的影响以及大学集体事件的网络舆论的分类、特征、成因，并在此基础上，构建了快速响应机制和程序，提出了治疗原则和方法以及信息收集和判断方法。Wang 等（2011）、Yates 和 Paquette（2010）基于互联网"5·12"地震灾害救援期间的两个有争议事件进行了比较案例研究，旨在探讨企业如何应对危机中的舆论问题，结果表明，企业的回应（包括回应时间、回应方式、回应渠道和回应行动）与舆论的演变特征是否相互匹配是关键，研究结合了舆论的网络特征和企业社会责任理论，在此基础上丰富了中国背景下的问题管理的研究成果。

在应急信息公开的过程中，媒体技术作为主要的信息分享机制，在自然灾害与应急管理中占据着重要的地位，多媒体和互联网能够为紧急反应提供基本的实时响应（Ikeda et al.，1998），舆情危机往往也会伴随不当的信息公开而来。突发事件网络舆情是指突发事件发生后，通过网络媒体报道、网民讨论等各种言论及其所产生的一系列感情、认知和评价，是突发事件应对处理的一个重要组成部分（严利华、宋英华，2015）；对于突发事件网络舆情演化要素，其主体是参与突发公共事件网络舆情活动的人，包括政府、媒体、意见领袖和普通网民（陈璟浩，2014）。

在突发网络舆情事件形成的过程中，如果一方没有采取任何措施，那么相对立的另一方就会慢慢变强，导致最终意见会达成一致，形成一个比较良好的网络舆情现状，但有时也会由于权威一方的不作为从而将舆情引入误区，变得一发而不可收。因此，只有对网络舆情进行引导和控制，使其向正确的方面发展，才不会使事件变得不可控。

目前，在网络舆情的管理研究方面，已有一些学者提出了自己的观点。例如，Lu 和 En-Yi（2011）分析了政治参与微博与政府微博网络舆论管理的关系，探讨了当前政府微博网络舆论的政治缺陷和不足之处，然后提出基于微博的政治参与的网络舆论管理措施，包括：改变观念，掌握网络上的

舆论导向；建立舆论互动机制；建立公开透明的政府信息发布制度。Yin – Lai
和 Jing（2010）基于网络舆论不可避免的爆炸性增长，提出处理网络舆论事
件方面存在的弊端，紧急情况准备不足、应急响应缓慢、信息控制过度等，
并呼吁建立网络舆论反应机制、完善网络空间法、建立预警机制、坚持学
习相关理论，以完善网络舆论的引导和管理。胡婷婷（2018）结合目前政
府对突发事件的治理现状和国外先进治理经验，对网络舆情进行了研究分
析，提出了政府在网络舆情治理方面应该采取的措施。鲍小佳等（2019）
探讨高校突发事件网络舆情的应对，基于对高校突发事件网络舆情特点的
分析，提出四条应对措施：其一，加强网络舆情监测，提高研判能力；其
二，把握"黄金4小时"，掌握舆论主动权；其三，注重网络舆情反馈，积
极建立沟通渠道；其四，加固网络阵地建设，强化舆情引导。林振（2019）
认为，我国网络舆情治理体系的宏观整体研究应该迈向"多维度"协同治
理模式研究方向，不仅关注业务和技术融合，也需要建立相关的制度，最
终形成多主体的治理局面。

综上所述，突发公共事件应急信息公开是一个复杂的过程，不仅需要
政府及时准确地公开信息，在事件发展的过程中，还需要注意引导网络舆
情向正确的方向发展，避免造成更大的恐慌。

（三）京津冀应急管理决策方面的研究

京津冀协同发展战略作为我国国家级的战略，受到了社会各界的高度
重视，在京津冀协同发展经济、缓解首都圈压力的同时，京津冀突发事件
的协同应急管理也成为一个重要的研究内容。

目前，学者针对京津冀协同应急管理已经在许多方面展开了研究，研
究者也从各个不同的角度对京津冀应急管理工作进行了深入的探讨。

在雾霾治理的问题上，刘冰、彭宗超（2015）等提出雾霾天气已经成为跨界危机的典型特征，各地分头制定的应急预案仅仅能解决各行政区的问题，但是关于跨越行政边界的协同机制设计却普遍缺失，基于此，有学者针对京津冀区域的安全生产与应急管理工作现状，探究京津冀协同发展背景下的安全生产应急管理方法，立足于京津冀协同应急管理，对京津冀安全生产事故应急机制进行剖析，并完善京津冀安全生产应急管理体制（王景春等，2018）。蒋爱鑫（2017）则对京津冀雾霾防治联合预警和应急制度进行相应的完善。

在公共安全管理问题上，陈长坤等（2018）结合公共安全管理"一案三制"的核心体系和京津冀公共安全协同管理现状，对雄安新区在京津冀公共安全协同体系中的作用进行了分析，得出雄安新区将分担京津冀风险，弥补三地协同发展的不足，在一定程度上重构京津冀地区的公共安全格局。

在应急管理资源配置方面，张纪海、王之乐（2014）认为，京津冀应急协作存在单一城市应急资源不足、缺乏必要的协调机制、跨区域应急法律法规不健全以及城市群之间缺乏必要的信息沟通平台的问题，京津冀城市群应急管理应从应急资源、法律法规、应急组织的现实需求出发，完善应急管理体系，因此基于应急总任务分解和区域任务整合的角度构建了以优化资源配置为目标的京津冀城市群应急体系框架。姜丰（2013）研究了京津冀三地政府的合作历史及合作现状，并分别对比了英国和日本应急管理工作中先进的合作经验，基于此，提出京津冀地方政府应急管理合作完善的对策及建议。王丛虎（2016）通过研究京津冀跨区域应急合作中的相关问题，对于提高京津冀应急合作能力提出了几点建议，如强化顶层设计、修订完善法律法规、拓展合作主体、扩大合作范围、丰富合作形式、应用"互联网＋"等。以上研究大多以公共安全应急管理为研究对象，提高对自然灾害事件、生产安全事件、公共卫生事件及社会安全事件等各项灾害的应急管理能力。

在应急救援方面，郭其云等（2015）提出应成立京津冀重大灾害应急管理委员会，设立常设化的实体机构，从而构建起京津冀应急救援力量协同体系。在非常规突发事件应急决策方法方面，李明磊等（2012）全面分析了三种非常规应急决策方法，通过对比发现，基于智能规划的应急决策方法更适于非常规突发事件复杂的决策环境。邱莹等（2019）基于演化博弈理论，构建了纵向行政约束下、事故灾难区域协同应对的策略选择模型，着力探讨纵向行政约束的影响，分析地方政府的策略及演化路径，从而得出结论：纵向行政约束越强，地方政府越趋于做出事故灾难区域协同应对的策略选择，过小的纵向行政约束可能面对"失灵困境"；各地市经济发展水平、产业结构、应急资源储备与调度等差异影响地方政府协同应对事故灾难策略的达成。

此外，以京津冀协同应对事故灾难为案例进行分析并验证模型的合理性及准确性。周立群（2019）关注京津冀协同应灾管理，认为京津冀目前协同应灾系统不完善，协同应灾能力不高，因此从协同治理的概念分析出发，探讨了京津冀区域协调发展、协同治理过程中关于自然灾害治理的实现路径。通过对政府应灾、协同治理等概念与理论的阐述，对京津冀协同应灾管理现状进行了有效分析，并介绍了京津冀协同应灾管理过程中存在的脆弱性及影响因素，发现京津冀政府间缺乏有效沟通，应灾机制不健全，百姓应灾意识薄弱等问题，而后根据京津冀协同应灾存在的问题，提出加强法律法规建设、建立京津冀协同应灾管理委员会、提升京津冀政府协同应灾能力、建设京津冀协同应灾管理平台等建议，并提出建设京津冀预警共享平台、资源调控平台、灾后恢复平台"三位一体"的协调应灾系统。

基于京津冀协同发展的时代背景下也出现了许多关于协同应急合作的研究。李昕欣等（2018）基于京津冀区域经济一体化的背景，探讨了区域经济一体化与产业协同发展的必要性，并对京津冀区域经济一体化下应急产业发展现状进行了分析，指出当前京津冀区域整体实力不强、经济差异较大、应急产业协同发展城市之间缺乏协调分工及产业体系有待统一的问题，并针对此提出促进京津冀应急产业协同发展的策略，如完善区域规划和协调机制、促进三地建立应急产业联盟；顺应国家应急管理体系改革趋势、把握应急产业发展机遇；在北京疏解非首都功能的背景下，做好三地应急产业发展的应对，河北省应急产业的承接；注意做好京津冀三地应急产业发展的互补、协同，避免资源浪费和企业同质化。张伟等（2018）通过对京津冀应急管理合作现状研究进行分析，指出跨区域应急救援体制不完善的问题，认为缺乏有效的运行机制，并且应急救援队伍建设滞后。因此从政策支持、战略需求、技术创新等方面进行京津冀协同的需求分析，提出区域间应急协同组织结构的理论设计，建立了跨区域、多主体、扁平化的合作平台，并构建具有数据驱动、智能决策、动态适应、精确供给特征的应急协同机制，对具体的实践路径进行了深入阐述。郑琛、董武（2018）提出京津冀应急联动机制的脆弱性，对此进行分析并勾勒出区域应急联动机制脆弱性累积的分析框架，认为未来京津冀应急联动机制遵循的发展路径应当是"指南针"模式。在不断变化的复杂系统中尝试用"地图"进行描述和规划本身已存在陷阱，更无法适应互联网、大数据已成为重要基础设施的风险社会，用一个详细的计划来指导日新月异的北京、天津和河北三地可能出现的突发事件几乎是不可能的，即使可以实现也会带来不必要的高成本，然而地图意味着掌握详细的地形信息以及最佳的路径，而指针更灵活，每一个持有者都可以发挥最大的创造性和自主性，比起在既定的线路上前进，能够更加快速地找到出路抵达终点。王宏伟（2018）基于京津冀一体化的背景，以汶川大地震事件引出京津冀跨界危机常态治理网络的必要性，指出京津冀跨界危机常态治理网络构建存在的问题，并为推动京津冀构建新时代跨界危机常态治理网络提出对策建议，包括六个方面：实现京津冀跨区域危机治理的协调；融合各个部门、吸引各界参与，为社会组织、民众个人安家提供充足的制度空间；推动设立京津冀突发事件信息整合中心，就重点问题组织京津冀应急与相关部门分析等，及时发出重大突发事件风险的预警；应急管理部要推动京津冀按照有所侧重、统一标准、相互兼容、优势互补的原则，规划应急队伍、装备与资源、避难场所的发展，为跨界应急管理合作提供有力保障，避免重复建设与建设的空白；当京津冀发生特别重大的跨地域危机后，应急管理部应设立指挥部，协助中央开展应急处置；当京津冀发生一般性跨地域危机后，应急管理部提供支持；应急管理部应联合卫生健康委员会、公安部等部门，与财政部门协调，安排跨区域应急管理专项资金，建立跨界应急援助的补偿办法，建立健全社会物资、运输工具、设施设备等应急资源的征用补偿标准及相关制度，消除京津冀三地应急管理合作的后顾之忧。

跨区域突发事件的应对作为我国应急管理的一道难题，有学者从解决京津冀跨区域突发事件的应急联动机制着手，另辟蹊径地提出从应急联动机制的关键环节按照先易后难的原则进行，并分析了应急联动机制的各个关键环节，包括应急预案协调、应急资源共享、应急信息沟通、应急响应协同等（王宏伟，2017）。马向国等（2017）以京津冀区域的应急物流能力为研究对象，建立基于模糊物元法的京津冀区域应急物流能力分析模型，以近几年间京津冀的应急物流能力为分析对象，应用该模型对此进行研究，从而得出一级指标能力变化图和综合能力变化趋势图，并对研究结果进行总结和验证，结论对提高京津冀区域的应急物流能力具有一定的指导作用，对类似问题的评价与分析具有借鉴作用。刘志勇（2017）借鉴国内外应急管理与协调的成功经验，结合京津冀一体化发展及地缘特点，分析京津冀一体化进程中群体性事件区域应急管理协调机制构建的条件及其作用，并提出从区域合作协议、区域协调部门的建立、规章制度的制定与完善等方面构建区域应急管理协调机制，以求高效解决区域群体性事件。

近年来，河北省出现的自然灾害及事故灾害较为频繁，列京津冀首位，因此针对河北省应急产业的发展也是一个亟待解决的大问题。李昕欣等（2018）针对河北省应急产业发展进行研究，通过分析河北省应急产业发展的现状，发现河北省应急产业政策滞后、应急产业集聚程度低、科技创新能力不足等问题，提出河北省应急产业的发展应当完善配套政策措施、做好保障工作；积极引导支持，加快推进河北怀安应急产业园的建设；加强应急物资储备能力的建设、从扩大需求方面推动应急产业发展；提高应急服务供给水平，加强应急服务领域的创新等。齐美然、郭子雪（2015）关注应急物资储备，认为建立完善的区域应急物资储备体系对提高应急管理水平和突发事件处置效果均具有举足轻重的作用。通过分析河北省应急物资储备体系建设的现状，指出其存在储备库布局不合理、物资储备种类和数量不足、投送保障体系不健全、应急物资预案体系建设缺失等问题，并针对此提出以下对策：整合现有应急资源，完善河北省应急物资储备库布局；创新应急物资储备模式，构建多主体共同参与的应急物资储备体系；加强机制创新与制度建设，健全应急物资投送保障体系；重视应急物资预案的编制与管理，深化应急物资预案体系建设等。郭子雪、张培（2016）认为，在京津冀协同发展视阈下完善河北省应急物资储备体系，要构建京津冀一体化应急物资储备信息平台和协作机制，建立应急物资社会化储备制度，深化应急物资储备保障制度建设，阐述了京津冀协同发展视阈下河北省应急物资储备体系建设的主要内容，并提出京津冀协同发展视阈下加快河北省应急物资储备体系建设的构想，要搭建京津冀一体化应急物资储备信息平台、建立应急物资社会化储备制度、构建京津冀应急物资储备协作机制，并深化河北省应急物资储备保障制度建设。

综上所述，应急管理决策目前在国内外的研究都已经相对成熟，针对京津冀应急管理协同发展的研究也越来越多，表明基于京津冀协同发展的背景下应急管理依然是一个新兴且有待涉入研究的领域。这些研究的出现也为研究京津冀跨域突发事件提供了相应的理论基础，然而，目前关于通过具体事件的分析从而构建应急管理系统研究仍相对较少，尚且需要进一步的完善。

三、多源信息融合理论相关研究

前文提到，突发事件应急管理涉及的数据大致可以划分为政府业务数据、应急现场传感设备数据和 Web 社会媒体数据三类。这三类数据的形式与内容多样化、获取方式与来源多元化，不仅是多模态、异构的，而且部分网络数据还具有混杂性和个体倾向性等特点，给突发事件数据的实时分析和综合利用带来了巨大挑战。

针对上述问题，近年来有学者（Zhu et al.，2006；Kalva et al.，2007；Hare & Lewis，2010；Amir et al.，2012）开始从多种信息源的角度研究多视角的学习算法，即通过融合来自不同信息源的特征丰富信息空间，进而提高应急决策方案的准确性和时效性。从信息融合的角度，目前已有的多视角学习算法按照不同信息源的使用方式可分为以下三类：

1. 特征级融合

特征级融合（Feature Integration）通过增加数据的维数实现对来自不同信息源的所有属性的整合，从而产生一个统一的特征空间。具体的融合方式是：首先将连续的数据类型转化为离散的数据类型，然后将全部数据映射到统一的特征空间，之后即可采用标准的计算方法对其进行处理，例如预测所属类别、聚类等。特征级融合的优点在于，统一的特征表示往往可以包含更丰富的信息，并且可以直接采用许多现有的已经较为成熟的数据挖掘方法对其进行处理并进行系统的比较；其缺点是数据维数的变大增加了学习的复杂性和难度（Wu et al.，2002）。

2. 语义级融合

语义级融合（Semantic Integration）保持数据的原始形式不变，首先将计算方法分别应用于每个单独的特征空间，然后将在不同的特征空间得到的结果通过投票（Voting）、贝叶斯平均（Bayesian Averaging）或分层的专家系统（Hierarchical Expert System）的方法进行合并。语义级融合最大的优点是可以隐式地学习不同的特征集合之间的相关性结构（Carter et al.，2001；Bishop，2006；Jordan & Jacobs，1994；Li & Ogihara，2005；Li & Li，2011）。

3. 内核级融合

内核级融合（Kernel Integration）也称为相似度融合，是上述特征级融合和语义级融合的折中。其基本思想是保持原始特征空间的形式不变，而在相似度计算或内核级进行融合（Schölkopf & Smola，2002；Lanckriet et al.，2004）。以两种信息源的内核级融合为例，给定两个目标对象 p_i 和 p_j，它们之间的整体相似度可以表示为 $S_{ij} = A_{ij} + B_{ij}$，其中，A_{ij} 是从一种信息源中得到的相似性，B_{ij} 是从另一种信息源中得到的相似性。此外，在计算目标对象之间的整体相似度时，也可以对来自不同的数据源的相似度赋予不同的权重，使不同数据源在整体相似性度量中发挥不同的作用。例如，可以依据不同来源的数据对于突发事件应急决策的重要程度不同，为各信息源赋予不同权重，对应急决策越重要的信息源，被赋予的权重就越大，使其在整体相似性度量中发挥越重要的作用，进而使其对应急决策的影响也就越大。一旦得到了目标对象的整体相似度，其他各种标准的计算方法就可以直接应用了。

在实际应用中，信息融合方式的选择由具体的数据体量、数据分布特点、信息融合需求等因素综合进行考虑。通常来讲，当数据的分布差异较大时，内核级融合的方法更适合；而当训练数据集较小时，语义级融合的性能更稳定（Lee et al.，2007）。然而，上述三类信息融合方法都是首先独立地处理多个信息源的数据，然后分别在特征级、语义级或者内核级这三个不同级别上对多个信息源进行融合，其共同之处在于均没有考虑多种信息源之间的相关性，以及多种信息源之间可能存在的交互关系，这也是本书的研究内容之一。

综上所述，前人对突发事件应急管理研究大多基于某个单一区域，对跨区域突发事件应急合作的研究相对较少，并且在为数不多的有关跨区域突发事件应急合作的研究也仅考虑某种单一来源或结构的信息源，而且对突发事件涉及的多源数据的内在联系缺乏深层次分析和挖掘，许多有价值的信息没有被考虑或者湮没在了海量数据中。如何基于跨区域的突发事件及其所涉及的多源异构数据研究和预测突发事件的演化趋势和规律，为快速准确制定应急方案并实施救援提供技术支持，是跨区域突发事件应急管理中亟待解决的问题。

因此，本书拟结合突发事件"跨区域"的特性、从多源信息融合的视角充分考虑多种信息源之间的相关性及其之间可能存在的交互关系，并基于此构建跨区域突发事件应急决策支持体系，探讨建立健全该体系所面临的关键问题，提出简要的应对措施。

第三章

京津冀地区应急管理现状调查

基于跨域突发事件单独应对难度大、效果不显著的问题，本书首先对京津冀地区应急管理的现状进行详细调研，从而得出京津冀跨区域突发事件联合应对的重要性和必要性。本书关于京津冀地区应急管理现状的调研内容具体包括以下六个方面：京津冀协同发展历程、京津冀地区基础设施现状、京津冀应急管理机构设置及相关职责、京津冀突发事件现状分析及应急处置的典型事例、京津冀应急合作现状与趋势，以及构建跨区域突发事件应急决策支持系统的必要性，具体调研内容描述如下：

一、京津冀协同发展历程

京津冀地区位于华北平原，是北方的经济中心，包括北京、天津两个直辖市以及河北省的保定、唐山、石家庄、廊坊、秦皇岛、张家口、承德、沧州、衡水、邢台、邯郸 11 个地级市，地域面积 21.8 万平方千米，占全国总面积的 2.3%。京津冀协发展作为国家的重大发展战略，对加快经济区域发展、调整产业格局具有重要的现实意义，同时在协同发展的过程中，对京津冀跨域应急协作也提出了新的要求。

京津冀地区是我国重要的政治、经济、文化和科技中心，京津冀地区的协同发展为国家其他地区的协同发展起到启示和引领作用。近年来，习近平总书记高度重视京津冀地区的协同发展，多次在重要会议上做出推动京津冀协同发展的重要指示。京津冀地区自古以来就有着千丝万缕的联系，从明清时期的一体、中华人民共和国成立后行政区划的调整到改革开放以后的竞争与合作，京津冀地区的发展一直在国家发展中发挥着重要作用。特别是改革开放以后，国家进行经济体制改革，市场经济体制确立，地方行政区成为经济发展的主体，为顺应经济发展的需要，京津冀地区开始了区域合作的征程。京津冀三地在地理上毗连，文化一脉，有深厚的历史渊源，具有协同发展的天然优势。京津冀协同发展不仅是北京、天津和河北三地发展的问题，在一定程度上也对全国经济发展起着重要的启示作用，是推动区域发展机制体制创新，形成世界级城市群体的探索引领。

自 20 世纪 80 年代以来，京津冀地区的协同发展历程大致可以分为三个阶段：京津冀协同发展初期、京津冀都市圈的提出时期以及京津冀协同发展新时期。

（一）京津冀协同发展初期

改革开放以后，京津冀地区开始走上区域合作发展的道路，主要以环渤海经济区为基础开展区域间的经济合作。这一时期，"京津冀一体化"的概念首次被提出，京津冀协同发展速度较缓慢。20 世纪 80 年代初，京津冀地区成立了华北地区经济技术协作会，作为全国最早的区域协作组织，该协会主要以物资交流作为主要的协作内容。1988 年，北京与河北环京的六个城市组成了环京经济协作区，以商品交易为主要内容，推动了京津冀区域经济的协同发展。21 世纪以后，京津冀区域发展开始从基础的商品合作阶段迈向了基础设施合作阶段。如表 3 – 1 所示，京津冀地区从多方面实现了基础设施的区域合作（孙久文，2019）。

表 3 – 1　京津冀地区基础设施合作情况

年份	合作内容
2000	北京和天津机场实现了中国民航跨区域的机场首次联合
2002	北京与天津港口开始直通，实现了港口功能一体化

续表

年份	合作内容
2004	在国家发展和改革委员会的组织协调下，京津冀三省市就推进区域合作和发展达成了"廊坊共识"

资料来源：由参考文献（孙久文，2019）整理所得。

（二）京津冀都市圈的提出时期

京津冀都市圈既是中国的政治、文化中心，也是我国北方经济的重要核心区。2004 年 11 月，国家发改委正式启动京津冀都市圈区域规划的编制。《京津冀都市圈区域规划》是国家"十一五"规划中的一个重要的区域规划，按照"8＋2"的模式制定。其中，"8"是指河北省的八座城市，包括唐山、石家庄、保定、秦皇岛、廊坊、沧州、承德、张家口；"2"是指北京市和天津市，以此形成京津冀都市圈。自《京津冀都市圈区域规划》启动编制以来，京津冀地区在各方面不断推出相关政策，虽然由于京津冀三地基于自身利益最大化的考虑，京津冀都市圈一体化推进艰难，但在一定程度上也为推进京津冀区域合作进程创造了条件。如表 3－2 所示，在这一时期内，京津冀三地纷纷出台相关政策推进京津冀都市圈的发展。

表 3－2　京津冀都市圈发展状况

年份	具体内容
2005	"十一五"规划首次从国家层面提出加强京津冀城市群内分工协作与优势互补（金鹿等，2019）；国务院批准在曹妃甸建设一个具有国际先进水平的钢铁联合企业，作为首钢搬迁的载体及京津冀都市圈乃至全国的重化工基地和能源枢纽港；天津市出台若干具体政策推动与环渤海地区各省市的区域合作，天津市滨海新区加速开发开放发展
2008	京津城际列车开通，促进京津同城化发展，进一步为京津冀在新领域的合作发展创造条件

续表

年份	具体内容
2009	北京提出要发挥科技创新和综合服务优势，通过加强与河北、天津的区域经济联系，加快交通、能源、水资源、生态保护、旅游等方面的发展；京津冀交通部门签订了《京津冀交通一体化合作备忘录》
2010	《京津冀都市圈区域规划》上报国务院；京津冀的规划部门共同签订了《关于建立京津冀两市一省城乡规划协调机制框架协议》；京津冀旅游部门共同参与编制的《环渤海区域旅游发展总体规划》《京杭大运河国家旅游线路总体规划》《泛金海湖京津冀金三角旅游规划》等一系列规划
2011	"推进京津冀区域经济一体化发展，打造首都经济圈"被明确写入国家"十二五"规划纲要草案

资料来源：笔者根据相关资料整理所得。

（三）京津冀协同发展新时期

随着经济全球化和区域经济一体化，协同发展变得越来越重要，成为联系区域间经济发展的一种重要方式。党的十八大召开以来，以习近平同志为核心的党中央高度重视和强力推进京津冀一体化的发展。这一时期，在党中央的决策部署和谋划下，京津冀协同发展已经上升为国家的重大战略，京津冀协同发展迅速，取得了一系列突破性的进展。2014年，国家主席习近平提出京津冀协同发展战略，以疏解非首都核心功能为出发点，努力形成京津冀协同发展的新格局，在习近平总书记的亲自部署和谋划下，京津冀区域一体化进入了实质性的发展阶段（田学斌，2015）。2015年，中共中央政治局审议通过《京津冀协同发展规划纲要》，明确提出要"推动要素市场一体化，构建京津冀协同发展的体制机制，加快公共服务一体化改革"（王旭东，2015），标志着京津冀协同发展进入全面推进重点突破的关键阶段。2016 年，国家发改委印发实施《"十三五"时期京津冀国民经济和社会发展规划》，进一步明确了未来五年京津冀协同发展的重点任务。2017年，雄安新区正式设立，标志着京津冀区域进入更高层次的协同发展阶段，这既是以习近平总书记为核心的党中央为推进京津冀协同发展所做出的一项重大部署，也是推动京津冀协同发展的核心之举，对调整优化京津冀地区的空间结构和城市布局具有重要的现实意义（祝合良等，2017）。此外，在京津冀协同发展取得明显成果的近几年中，三地签订了一系列战略合作协议助力京津冀协同发展，如表 3-3 所示，京津冀在区域共建、交通建设、生态保护、社会保障等多领域签订了一系列战略合作协议。

表 3-3　各领域推进京津冀协同发展签订的相关协议

类型	协议名称
区域共建	《推进京津冀开发区协同发展战略合作框架协议》《推进通武廊战略合作发展框架协议》《共同推进中关村与河北科技园区合作协议》《共建北京新机场临空经济合作区协议》等
交通建设	《京津冀口岸深化合作框架协议》《交通一体化合作备忘录》《共同成立京津冀城际铁路投资公司合作协议》等
生态保护	《京津冀清洁生产协同发展战略合作协议》《散煤清洁化治理协议》《共同推进京津冀协同发展生态率先突破的框架协议》《关于进一步加强环境保护合作的协议》等
社会保障	《京津冀救灾物资协同保障协议》《协同构建人道应急体系创新发展合作联盟框架协议》《卫生应急协议》《京津冀红十字系统应急工作总体规划》《深化京津冀食品药品安全区域联动协作机制建设协议》《关于建立京津冀区域安全生产应急联动工作机制的协议》《司法行政工作服务京津冀协同发展框架协议》等

资料来源：笔者根据相关资料整理所得。

二、京津冀地区基础设施现状

京津冀地区是指北京市、天津市以及河北省的保定、石家庄等 11 个地级市，京津冀的整体定位是要建设以首都为核心的世界级城市群。三省市以北京为核心，将北京定位为全国政治中心、文化中心、国际交往中心和科技创新中心；将天津定位为全国先进制造研发基地、北方国际航运核心区、金融创新运营示范区和改革开放新兴区；将河北定位为全国现代商贸物流重要基地、京津冀生态环境支撑区等。

为了解京津冀地区在应急决策中如何更有效地进行协作，本书对北京市、天津市和河北省的基本现状进行了数据收集和分析整理。在数据收集过程中，笔者主要通过统计局官方网站查询京津冀各地的统计年鉴，得到京津冀三地的基础数据，主要包括常住人口数量及人口密度、能源生产总量、地区生产总值、交通运输情况等与应急管理和资源调度相关的基础数据，具体数据分析如下文如述。

（一）京津冀地区人口现状分析

如图 3 - 1 和图 3 - 2 所示，从北京市、天津市和河北省 2012 ~ 2016 年的常住人口总量和城镇人口数来看，京津冀三地五年来一直呈现上升趋势，河北省作为三者中唯一的省份，常住人口总数和城镇人口数维持在 7200 万人和 3400 万人以上，远超北京和天津两个直辖市人口数之和。而作为我国首都，北京市常住人口总数于 2016 年已经达到 2172.9 万人。京津冀地区整体政策机制不断创新，带动了人才数量的增加，在一定程度上满足了经济创

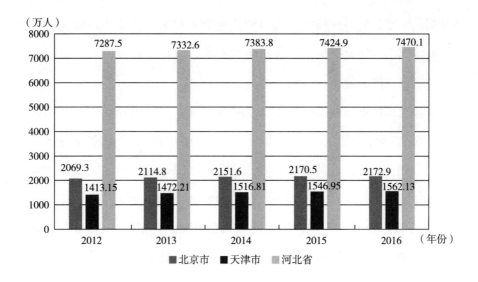

图 3 – 1 2012 ~ 2016 年京津冀常住人口总量

资料来源：笔者根据统计局数据整理所得。

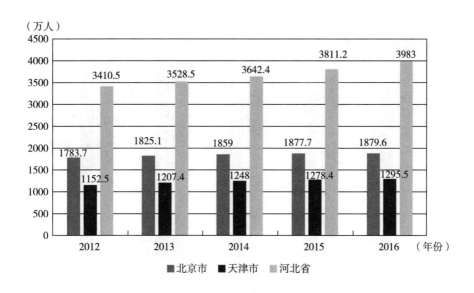

图 3 – 2 2012 ~ 2016 年京津冀城镇人口数

资料来源：笔者根据统计局数据整理所得。

新发展的需要。但与此同时，人口的快速增长对城市住房和基础设施都提出了新的要求，加大了城市生态环境的压力，也在一定程度上增加了突发事件应急管理的难度。

京津冀地区土地总面积达 21.6 万平方千米，其中北京市土地总面积为 1.6 万平方千米，天津市土地总面积为 1.2 万平方千米，河北省土地总面积为 18.8 万平方千米。在常住人口密度方面，如图 3 - 3 所示，北京市和天津市的人口密度维持在高于 1200 人/平方千米的水平，而河北省的人口密度却只有不到 400 人/平方千米，远远低于北京市和天津市的人口密度。此外，根据京津冀发展的顶层设计方案《京津冀协同发展规划》的要求，到 2020 年，要将北京市常住人口控制在 2300 万人左右，缓解首都存在的突出问题。因此，京津冀协同发展对于缓解北京市和天津市的人口压力，特别是实现北京市的人口分流有着非常重要的意义。

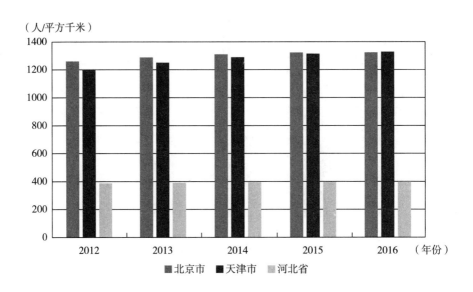

图 3 - 3　2012 ~ 2016 年京津冀常住人口密度

资料来源：笔者根据统计局数据整理所得。

（二）京津冀地区能源现状分析

《京津冀协同发展规划纲要》指出，京津冀协同发展作为国家层面的重大战略，在环境保护和能源升级方面，京津冀地区也要率先取得突破。京津冀作为我国北方地区经济发展的中心，目前仍有很高的能源消耗量，每年都要生产消耗大量一次性能源。

如图 3 - 4 和图 3 - 5 所示，京津冀三地在 2012 ～ 2016 年都保持着较高的能源开采量和消耗量。其中一次性能源生产总量在 2012 年达到最高，接近于 15000 万吨标准煤，其他年间在 12000 万吨标准煤的水平上波动。此外，从图 3 - 5 中可以看出，京津冀地区在 2012 ～ 2016 年的能源消耗总量逐年递增，年度最低消耗量也远高于 40000 万吨标准煤，能源消耗较大。特别是北京地区，年度一次性能源生产量大约为 500 万吨标准煤，而每年的能源

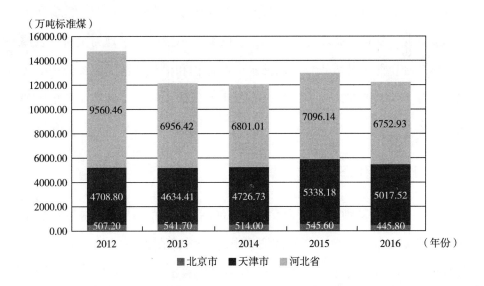

图 3 - 4　2012 ～ 2016 年京津冀一次性能源生产总量

资料来源：笔者根据统计局数据整理所得。

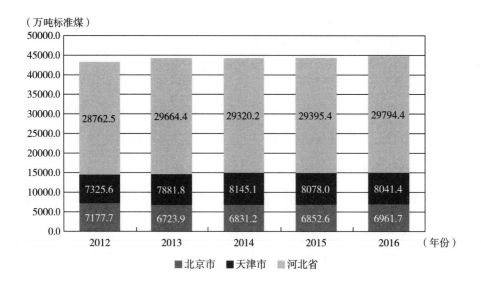

（万吨标准煤）

图3-5　2012~2016年京津冀能源消耗总量

资料来源：笔者根据统计局数据整理所得。

消耗量却达到近 7000 万吨标准煤，消耗量接近于生产量的 14 倍，能源压力巨大。因此，加强生态环境保护合作，以大气污染联合治理为契机，京津冀地区应加快能源升级步伐，加强水资源保护和治理、清洁能源使用等领域的合作，为京津冀的发展提供坚实的生态保障，从而促进京津冀地区的整体发展。

（三）京津冀地区经济发展现状分析

2016 年京津冀地区生产总值达到 75624.9 亿元，约占全国生产总值744127.2 亿元的 10.16%，作为促进我国经济增长的重要区域，京津冀地区发挥着越来越重要的作用。从图 3-6 中可以看出，2012~2016 年京津冀地区生产总值整体呈现上升趋势，这主要取决于京津冀地区产业的有序转移和优化配置。近年来，京津冀地区把一般制造业、部分陆路物流、部分生产性服务业等产业北靠和南移，使环京津地区产业得到有效发展。目前，北京地区产业优势主要为第三产业和高新技术产业，天津地区正处于由工业经济向服务型经济转型的阵痛阶段，而河北地区仍然以工业经济为主。

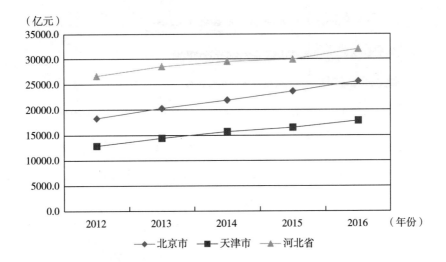

图 3 – 6 2012～2016 年京津冀地区生产总值情况

资料来源：笔者根据统计局数据整理所得。

人均地区生产总值作为衡量经济发展的重要指标，一定程度上代表了人民的生活水平。从图 3 – 7 中可以看出，在 2012～2014 年，天津市人均地区生产总值处于京津冀地区的最前端，这在一定程度上说明了天津市人民的生活水平在快速发展，尽管在 2015～2016 年天津市人均地区生产总值又略低于北京市，但总体而言仍处于上升趋势。而河北省作为京津冀一体化发展的"短板"，人均地区生产总值仍远远低于北京市和天津市，且增速较为缓慢。因此，京津与冀需要进一步协调内部的资源配置，提高河北省的经济发展水平，为实现京津冀协同发展贡献更多的力量。

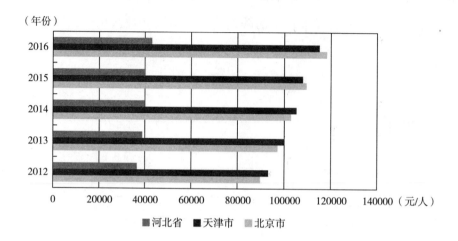

图 3 – 7　2012～2016 年京津冀人均地区生产总值

资料来源：笔者根据统计局数据整理所得。

（四）京津冀地区交通运输现状分析

由图 3 – 8 可以看出，2014～2016 年京津两地的客运量情况相对稳定，天津市的客运量三年间一直维持在 20000 万人水平，北京市的客运量维持在 70000 万人水平，约为天津市客运量的 3.5 倍。河北省的客运量从 2014 年的 60000 万人下降为 2016 年的 50000 万人，逐年略有下降。总体而言，北京市作为首都，人口流通稳定在较高的水平上，在为北京经济发展带来创造力的同时，也增加了北京市的交通压力，以及突发事件发生的概率。

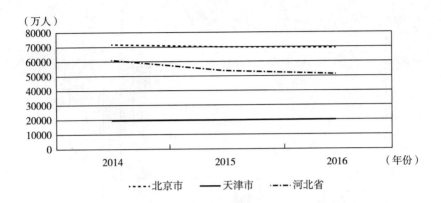

图 3 – 8 2014 ~ 2016 年京津冀客运量情况

注：由于自 2014 年起公路客货运量按照交通运输部的新规定进行统计，2014 年与 2014 年以前不可比，故京津冀客运量情况只取 2014 ~ 2016 年的数据。

资料来源：笔者根据统计局数据整理所得。

根据图 3 – 9 中的数据可以得出，2012 ~ 2016 年，总体来说，京津冀货运量相对较为稳定。河北省的货运量远远高于北京市和天津市，这主要与京津冀三地的主导产业类型相关。北京市主要以第三产业和高新技术产业为主，在经济发展的过程中不需要大量的货物运输，因此其货运量最少，而河北省由于其主要以工业经济为主，货运量相对较多。此外，由于自 2014 年起公路客货运量按照交通运输部的新规定进行统计，河北省由于货运量基数较大，在 2013 ~ 2014 年货运量表现出较明显的下降，而北京市和天津市因货运量基数较小，货运量变化波动不大。

（五）京津冀地区基础设施现状小结

通过对京津冀地区的基础设施进行分析，我们可以看出，目前为止京津冀地区协同发展仍然存在较多问题。

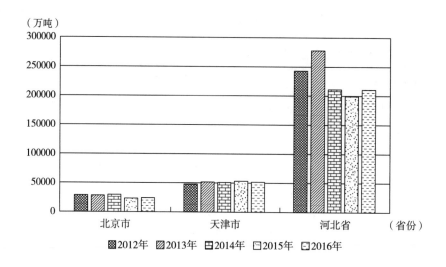

（万吨）

图3-9　京津冀货运量情况

资料来源：笔者根据统计局资料整理所得。

首先，京津冀协同发展的关键在于牵住疏解北京非首都功能的"牛鼻子"，推进京津冀协同发展，而京津冀地区在人口疏解与功能疏解方面仍没有得到较好的解决。

其次，在经济发展方面仍然存在很大的断层。京津地区相对于河北仍然具有较大优势，河北省的弱势地位一直没能得到解决，且河北在京津冀地区城市体系中缺少与北京、天津两市在城市等级和功能上相媲美的大城市。

最后，交通运输在京津冀协同发展过程中起着基础先导作用，实现交通一体化是京津冀协同发展的重要保障（杜彦良等，2018）。因此，将交通基础设施建设作为京津冀协同发展的突破口，加快高速公路、高铁和轨道交通的建设和衔接，服务三地之间的要素流动，是京津冀协同发展的最大机遇之一。

此外，通过对已有文献的查阅，京津冀协同发展过程中还存在区域间博弈、资源配置失衡、产业协同收益不均衡、区域合作动力不足以及市场活力有限的问题仍待解决（周京奎等，2019）。

虽然京津冀地区协同发展仍然存在较多问题，但总体来看，目前京津冀协同发展也在朝着更加完善的方向前进。一方面，随着2014年国家级京津冀协同小组的成立、2015年国家顶层设计《京津冀协同发展规划纲要》的完成，京津冀产业协同发展的路径不断明晰，京津冀地区政府分工也越来越明确，相关法律法规也愈加完善，区域间合作更加加强、分工明确，进一步推动了京津冀产业协同发展；另一方面，京津冀协同发展在京津冀地区突发事件应急管理决策方面，也提供了一定的前提条件，京津冀应急管理协同合作已经成为必然选择，如王景春等（2019）通过分析基于京津冀协同应急救援的2017年北京市石羊沟山洪灾害事件，指出虽然目前京津冀应急管理协同联动机制仍处于不断完善的阶段，京津冀之间的协同合作大都是政府之间的协商，各项法律法规、应急预案和政策协议的协同效果不明确，但京津冀三地协同进行应急管理合作已经成为京津冀地区的必然选择。

三、京津冀应急管理机构设置及相关职责

（一）北京市应急管理局①

北京市应急管理局，是北京市人民政府的组成部门，为正局级。北京

---

① 北京市应急管理局官网，http：//yjglj. beijing. gov. cn/.

市应急管理局贯彻落实党中央关于应急工作的方针政策、决策部署和市委有关工作要求，在履行职责过程中坚持和加强党对应急工作的集中统一领导。

北京市应急管理局下设北京市安全生产科学技术研究院、北京市应急管理宣传教育中心、北京市应急管理信息中心、北京市安全生产（12350）举报投诉中心、北京市安全生产督查事务中心、北京市突发事件预警信息发布中心和北京市应急管理事务中心 7 个中心，共包括 20 个内设机构，各机构的相关职责如表 3 - 4 所示。

表 3 - 4　北京市应急管理局内设机构及其相关职责

内设机构	相关职责
办公室	负责机关日常运转，承担文电、会务、机要、档案等工作，承担信息、信访、建议议案提案办理、安全保密、政府信息公开、固定资产管理等工作
法制处	组织起草本市相关地方性法规和政府规章草案，承担机关规范性文件的合法性审核和有关备案工作，承担行政复议、行政应诉的有关工作，负责机关推进依法行政综合工作，负责行政执法工作的监督、指导和协调
规划发展处（研究室）	编制本市应急体系建设、安全生产和综合防灾减灾规划并组织实施，研究提出相关经济政策建议，推动应急重点工程和避难设施建设。承担应急管理和安全生产有关重大政策研究和重要文稿起草工作
应急指挥处（市应急指挥中心）	承担应急值守、值班等工作，拟订本市事故灾难和自然灾害分级应对制度，发布预警和灾情信息，衔接解放军和武警部队参与应急救援工作。承担市突发事件应急委员会办公室的具体工作
风险监测与综合减灾处	建立本市重大安全生产风险监测预警和评估论证机制，承担自然灾害综合监测预警工作，组织开展自然灾害综合风险与减灾能力调查评估
救援协调与预案管理处	统筹本市应急预案体系建设，组织编制本市总体应急预案和安全生产类、自然灾害类专项预案并负责各类应急预案衔接协调，承担预案演练的组织实施和指导监督工作，负责协调、指导应急管理体制机制建设
火灾防治管理处	组织拟订本市地方性消防法规和技术标准并监督实施，指导城镇、农村、森林消防工作规划编制和推进落实，指导消防监督、火灾预防、火灾扑救工作。承担市防火安全委员会（市森林防火指挥部）办公室的具体工作

续表

内设机构	相关职责
防汛抗旱处（地震与地质灾害救援处）	组织协调本市水旱灾害应急救援工作，协调指导重要河湖和重要水工程实施防御洪水抗御旱灾调度和应急水量调度工作。组织协调地震应急救援工作，指导协调地震和地质灾害防治相关工作，组织重大地质灾害应急救援。承担市人民政府防汛抗旱指挥部办公室的具体工作
危险化学品安全监督管理处	负责本市化工（含石油化工）、医药、危险化学品和烟花爆竹经营单位安全监督管理工作，依法监督检查相关行业生产经营单位贯彻落实安全生产法律法规和标准情况，承担危险化学品安全监督管理综合工作，负责危险化学品登记和非药品类易制毒化学品生产经营监督管理工作
安全生产基础处	负责本市非煤矿山（含地质勘探）、石油（炼化、成品油管道除外）、冶金、有色、建材、机械、轻工、纺织、烟草、商贸等工矿商贸行业安全生产基础工作，拟订相关行业安全生产规程、标准，依法监督检查相关行业生产经营单位贯彻落实安全生产法律法规、规程和标准情况，指导监督相关行业企业安全生产标准化、安全预防控制体系建设等工作。依法监督检查煤矿贯彻执行安全生产法律法规、规程和标准情况及安全生产条件、设备设施安全情况。依法组织关闭不具备安全生产条件的矿井
安全生产综合协调处	依法依规指导协调和监督本市有专门安全生产主管部门的行业、领域安全生产监督管理工作，指导协调和监督市政府有关部门和各区政府的安全生产工作，组织协调全市性安全生产大检查和专项整治等工作，组织实施安全生产考核工作，负责市级安全生产重大事故隐患的挂账、督办治理及销账等工作。承担市安全生产委员会办公室的具体工作
救灾与物资保障处	承担本市灾情核查、损失评估、救灾捐赠等灾害救助工作，拟订应急物资储备规划和需求计划，组织建立应急物资共用共享和协调机制，组织协调重要应急物资的储备、调拨和紧急配送，承担市级救灾款物的管理、分配和监督使用工作，会同有关方面组织协调紧急转移安置受灾群众、因灾毁损房屋恢复重建补助和受灾群众生活救助。负责对受灾省区市的应急援助工作
调查评估与统计处	依法承担本市生产安全事故调查处理工作，监督事故查处和责任追究情况，组织开展自然灾害类突发事件的调查评估工作，负责应急管理和安全生产相关统计分析工作
宣传动员处	承担本市应急管理和安全生产新闻宣传、舆情应对、文化建设等工作，开展公众知识普及工作。组织开展相关领域的对外交流与合作。组织指导应急管理社会动员工作

续表

内设机构	相关职责
救援队伍建设处	按规定权限承担本市消防救援队伍人员招录、干部任免和调整等工作。指导应急救援队伍教育训练。指导各区及社会应急救援力量建设。负责培训基地建设和管理工作
科技与信息化处	承担本市应急管理、安全生产的科技和信息化建设工作，规划信息传输渠道，健全自然灾害信息资源获取和共享机制，拟订有关科技规划、计划并组织实施。负责城市管理和应急指挥平台的管理维护，指导各区、各专项应急指挥部和相关部门应急指挥平台的建设、管理工作。负责应急管理装备工作。联系市突发事件应急委员会专家顾问组
行政审批处	负责本市安全生产监管方面行政审批项目的审核、审批以及相关协调工作，制定行政审批项目的办理流程、审批标准等，负责行政审批政策咨询、业务查询和信息发布工作。依法组织特种作业人员（特种设备作业人员除外）的考核工作，依法组织生产经营单位主要负责人、安全生产管理人员的安全生产知识和管理能力考核工作。负责安全生产培训、评价、咨询、检测、检验等社会中介组织的监督管理工作
督查处	负责拟订本市安全生产督查规章制度、规划计划、工作方案并组织实施，负责国家及本市安全生产方面重大决策、重要工作部署、重要文件确定事项、重要会议议定事项落实情况的督促检查、反馈和协调
财务处	负责机关及所属单位的财务、资产管理、政府采购和内部审计工作。承担本市隐患排查治理资金的使用管理及监督检查工作
人事处	负责机关及所属单位的人事、机构编制、外事、队伍建设和离退休等工作。负责本市应急管理系统干部教育培训工作

资料来源：根据北京市应急管理局相关资料整理所得。

（二）天津市应急管理局①

天津市应急管理局是天津市机构改革中组建的政府部门，下设天津市安全生产委员会办公室、天津市减灾委员会办公室、天津市防汛抗旱指挥

---

① 天津市应急管理局官网，http://yjgl.tj.gov.cn/.

部和天津市抗震救灾指挥部四个议事机构，共包括 18 个内设处室，各处室的相关职责如表 3 – 5 所示。

表 3 – 5　天津市应急管理局内设处室及其相关职责

内设处室	相关职责
办公室	负责文电、会务、机要、档案、后勤等机关日常运转工作，承担信息、信访、建议、提案、安全保卫、保密、政务公开、政府信息公开、重要文稿起草等工作。负责机关并指导监督直属单位财务、政府采购、固定资产管理工作。承担本市应急管理及安全生产专项资金的管理。负责组织安排党委各种会议和重要活动、督促检查党委重大决策、重要工作部署和领导交办事项的贯彻落实等局党委办公室日常工作
政策法规处（执法监督处）	组织起草应急管理和安全生产、防灾减灾救灾地方性法规和政府规章草案，承担规范性文件的合法性审查和行政复议、行政应诉等工作。负责组织建立应急管理和安全生产信用体系建设。负责拟订并组织实施年度执法计划，负责依法行政考核等执法监督综合性工作
规划发展处（研究室）	负责组织编制本市应急体系建设、安全生产和综合防灾减灾规划，推动应急避难设施建设。承担应急管理和安全生产、防灾减灾救灾技术服务机构监督管理工作，负责安全生产检测检验、安全评价、安全标志等中介机构资质管理并进行监督检查。承担相关理论和政策研究工作，负责理论、政策研究课题的组织管理工作
应急指挥中心	组织局系统内应急值守、政务值班等工作，组织指导协调安全生产类、自然灾害类等突发事件应急救援，统一协调指挥各类应急专业队伍，衔接解放军和武警部队参与应急救援工作，依法统一发布预警和灾情信息
水旱灾害救援处（地震和地质灾害救援处）	指导协调水旱灾害、地震和地质灾害等防治工作，负责相关行业自然灾害综合监测预警工作，建立监测预警和灾情报告制度，参与水旱灾害、地震和地质灾害的救援工作
救援协调和预案管理处	指导应急预案体系建设，建立完善事故灾难和自然灾害分级应对制度，组织编制本市总体应急预案和安全生产类、自然灾害类专项预案，综合协调应急预案衔接工作，组织开展预案演练，统筹应急救援力量建设。负责消防、森林火灾扑救、抗洪抢险、地震和地质灾害救援、生产安全事故救援等专业应急救援力量建设，指导驻市的国家综合性应急救援队伍、各区及社会应急救援力量建设。组织参与安全生产类、自然灾害类等突发事件的省际救援工作

内设处室	相关职责
火灾防治管理处	组织拟订本市地方性消防法规规章草案和技术标准并监督实施。指导城镇、农村、森林消防工作规划编制并推进落实。指导消防监督、火灾预防、火灾扑救工作
危险化学品安全监督管理处（政务服务处）	负责本市化工（含石油化工）、医药、危险化学品和烟花爆竹安全生产监督管理工作。依法会同市相关部门和各区监督检查相关行业生产经营单位贯彻落实安全生产法律法规和标准情况、重大危险源监控、重大事故隐患的整改工作，承担危险化学品安全监督管理综合工作，负责危险化学品登记，负责非药品类易制毒化学品生产经营监督管理工作。监督检查新建、改建、扩建工程项目的安全设施与主体工程同时设计、同时施工、同时投产使用情况。依法查处不具备安全生产条件的生产经营单位。负责局行政许可事项审批
安全生产基础处	按照分级、属地原则，依法监督检查本市非煤矿山（含地质勘探）、石油（炼化、成品油管道除外）、冶金、有色、建材、机械、轻工、纺织、烟草、商贸生产经营单位贯彻执行安全生产法律法规情况和重大危险源监控、重大事故隐患的整改工作，及其安全生产条件和有关设备（特种设备除外）、材料、劳动防护用品的安全生产管理工作。会同市相关部门和各区负责监督管理工矿商贸行业中央在津企业（危险化学品企业除外）、市属企业（危险化学品企业除外）安全生产工作。依法组织并指导监督实施安全生产准入制度。指导监督相关行业企业安全生产标准化、安全预防控制体系建设等工作。监督检查新建、改建、扩建工程项目的安全设施与主体工程同时设计、同时施工、同时投产使用情况。依法查处不具备安全生产条件的生产经营单位
安全生产综合协调处	依法依规指导协调和监督本市有专门安全生产主管部门的行业和领域安全生产监督管理工作。指导、协调和监督市政府有关部门和各区政府的安全生产工作，组织开展全市性安全生产大检查和专项整治等工作，负责市级安全生产重大事故隐患的挂账、督办治理及销账等工作。负责市委、市政府相关部门部署的专项工作。承担市安全生产委员会办公室的具体工作
救灾和物资保障处（风险监测和综合减灾处）	组织协调灾害救助工作，组织指导灾情核查、损失评估、救灾捐赠工作，管理、分配市级救灾款物并监督使用，制定应急物资储备和应急救援装备规划并组织实施，会同市粮食和物资储备局等部门建立健全应急物资信息平台和调拨制度。建立本市重大安全生产风险监测预警和评估论证机制，指导自然灾害综合监测预警工作，指导开展自然灾害综合风险与减灾能力调查评估工作

续表

内设处室	相关职责
调查评估和统计处	依法组织指导生产安全事故调查处理，监督事故查处和责任追究落实情况。组织开展自然灾害类突发事件的调查评估工作。负责应急管理统计分析工作
新闻宣传处	负责应急管理、安全生产宣传教育工作。承担本市应急管理和安全生产新闻宣传、新闻发布、舆情应对、文化建设等工作。负责公众应急管理和安全生产知识普及工作
组织人事处	负责机关和直属单位干部人事、机构编制、劳动工资、离退休干部等工作，指导应急管理系统思想政治建设和干部队伍建设工作
教育训练处	负责干部教育培训工作。拟订干部教育培训规划和年度计划并组织实施，负责组织系统内干部专业能力提升培训，负责组织安全生产执法人员业务培训和考核，指导教育培训基地建设。指导安全生产培训工作。指导监督本市特种作业人员的操作资格考核工作，负责高危行业主要负责人和安全生产管理人员的安全生产知识和管理能力考核工作。开展应急管理方面的交流与合作
科技与信息化处	拟订安全生产科技规划并组织实施，负责组织指导应急管理、安全生产的科学技术研究、推广应用和信息化建设工作，组织建立统一的应急管理信息系统。拟订有关信息化规划、计划并组织实施；负责市级应急指挥平台的管理和维护，指导各区和相关部门应急指挥平台的建设和管理工作；负责应急管理装备工作
督查工作处	负责拟订本市安全生产巡查、督查、考核规章制度、规划计划、工作方案并组织实施，负责国家及本市安全生产方面重大决策、重要工作部署、重要文件确定事项、重要会议议定事项落实情况的督促检查、反馈和协调。负责督查、评估全市应急管理工作的落实情况
机关党委办公室（与巡察工作办公室合署办公）	承担局机关党委日常工作，负责机关和直属单位的党群工作，承担局党委落实党建工作责任制的具体工作。承担局机关纪委日常工作，负责机关及直属单位的纪检、党风廉政建设工作。承担局党委巡察工作办公室工作

资料来源：根据天津市应急管理局相关资料整理所得。

（三）河北省应急管理厅①

河北省应急管理厅是河北省机构改革中新成立的政府组成部门，贯彻

---

① 河北省应急管理厅官网，http://yjgl.hebei.gov.cn/portal/.

落实党中央和省委关于应急管理工作的方针政策和决策部署，坚持和加强党对应急管理工作的集中统一领导，主要负责安全生产监督管理等。河北省应急管理厅包括28个内设机构和部门，其主要职责如表3-6所示。

表3-6 河北省应急管理厅内设机构及其相关职责

内设机构	相关职责
办公室	负责机关日常运转，承担信息、安全、保密、信访、政务公开、重要文稿起草等工作
应急指挥中心	承担应急值守、政务值班等工作，拟订事故灾难和自然灾害分级应对制度，发布预警和灾情信息，衔接解放军和武警部队参与应急救援工作
人事培训处	负责机关和直属单位干部人事、机构编制、劳动工资等工作，指导应急管理系统思想政治建设和干部队伍建设工作，负责全省应急管理系统干部教育培训工作，负责全省安全生产培训工作，负责应急管理方面的国际交流合作
教育训练处	拟订全省综合性应急救援队伍管理保障办法并组织实施，拟订综合性消防救援队伍干部教育培训规划、计划，指导应急救援队伍教育训练，负责所属培训基地建设和管理工作
风险监测和综合减灾处	建立重大安全生产风险监测预警和评估论证机制，承担自然灾害综合监测预警工作，拟订自然灾害风险管理制度，组织开展自然灾害综合风险与减灾能力调查评估
救援协调和预案管理处	统筹应急预案体系建设，组织编制全省总体应急预案和安全生产类、自然灾害类专项预案，综合协调各类应急预案衔接工作，承担预案演练的组织实施和指导监督工作，承担全省应对重大灾害指挥部的现场协调保障工作，统筹应急救援力量建设，指导各级及社会应急救援力量建设，组织指导应急管理社会动员工作
火灾防治管理处	组织拟订地方性消防法规草案和技术标准并监督实施，指导城镇、农村、森林、草原消防工作规划编制并推进落实，指导消防监督、火灾预防、火灾扑救工作
防汛抗旱处	组织协调水旱灾害应急救援工作，协调指导重要江河湖泊和重要水工程实施防御洪水抗御旱灾调度和应急水量调度工作，组织协调台风防御工作
地震和地质灾害救援处	组织协调地震应急救援工作，推动避难设施建设，指导协调地质灾害防治相关工作，组织重大地质灾害应急救援

续表

内设机构	相关职责
危险化学品安全监督管理处	负责化工（含石油化工）、医药、危险化学品和烟花爆竹安全生产监督管理工作，承担危险化学品安全监督管理综合工作，组织指导全省危险化学品登记，指导非药品类易制毒化学品生产经营监督管理工作
非煤矿山安全监督管理处	负责非煤矿山（含地质勘探、尾矿库）、石油（炼化、成品油管道除外）行业安全生产监管工作。拟订相关行业安全生产规程、标准，指导监督相关行业企业安全生产标准化、安全预防控制体系建设等工作
工商贸行业安全监督管理处	负责冶金、有色、建材、机械、轻工、纺织、烟草、商贸等工商贸行业安全生产监管工作，拟订相关行业安全生产规程、标准，指导监督相关行业企业安全生产标准化、安全预防控制体系建设等工作
安全生产综合协调处	依法依规指导协调和监督有专门安全生产主管部门的行业和领域安全生产监督管理工作，组织协调全省性安全生产检查以及专项督查、专项整治等工作，承担安全生产巡查、考核的组织实施工作。负责全省无人看管铁路道口安全监督管理工作
救灾和物资保障处	承担灾情核查、损失评估、救灾捐赠等灾害救助工作，拟订应急物资储备规划和需求计划，组织建立应急物资共用共享和协调机制，组织协调重要应急物资的储备、调拨和紧急配送，承担省级救灾款物的管理、分配和监督使用工作，会同有关方面组织协调紧急转移安置受灾群众、因灾毁损房屋恢复重建补助和受灾群众生活救助
政策法规处	组织起草相关地方性法规草案、规章和标准，负责执法监督综合性工作，指导应急管理系统法治建设，组织开展普法活动，承担行政许可集中受理工作，指导应急管理系统行政审批工作，承担重大政策研究工作，承担规范性文件的合法性审查和行政复议、行政应诉等工作
规划财务处	编制全省应急体系建设、安全生产和综合防灾减灾规划并组织实施，研究拟订相关经济政策，推动应急重点工程建设，负责部门预决算、财务、装备和资产管理、内部审计工作。承担应急管理和安全生产、防灾减灾救灾技术服务机构监督管理工作，负责安全生产检测检验、安全评价、安全标志中介机构资质管理并监督检查
调查评估和统计处	依法承担生产安全事故调查处理工作，监督事故查处和责任追究情况，组织开展自然灾害类突发事件的调查评估工作，负责应急管理统计分析工作
新闻宣传处	承担应急管理和安全生产新闻宣传、舆情应对、文化建设等工作，开展公众知识普及工作

续表

内设机构	相关职责
科技和信息化处	承担应急管理、安全生产的科技和信息化建设工作，规划信息传输渠道，健全自然灾害信息资源获取和共享机制，拟订有关科技规划、计划并组织实施
煤炭生产运行处	负责煤炭生产监督管理工作，负责拟订煤炭行业地方性法规草案、技术规范、标准，并组织实施；组织煤炭行业教育培训，负责煤矿企业安全准入管理；负责煤炭淘汰落后产能和煤矿关闭退出等工作
煤炭安全管理处	负责煤矿安全生产监督管理工作，组织指导煤矿安全生产风险辨识管控和隐患排查治理工作，指导监督煤矿灾害防治，指导监督煤矿安全生产标准化、安全预防控制体系建设等工作
煤炭安全监察处	承担煤炭行业安全生产执法工作，依法监督检查煤炭行业生产经营单位贯彻执行安全生产法律法规和标准情况及其安全生产条件，依法查处违法行为
安全监察一处	承担非煤矿山（含地质勘探、尾矿库）、石油（炼化、成品油管道除外）行业安全生产执法工作，依法监督检查相关行业生产经营单位贯彻执行安全生产法律法规和标准情况及其安全生产条件，依法查处违法行为
安全监察二处	承担化工（含石油化工）、医药、危险化学品和烟花爆竹安全生产执法工作，依法监督检查相关行业生产经营单位贯彻执行安全生产法律法规和标准情况及其安全生产条件，依法查处违法行为
安全监察三处	承担冶金、有色、建材、机械、轻工、纺织、烟草、商贸等行业安全生产执法工作，依法监督检查相关行业生产经营单位贯彻执行安全生产法律法规和标准情况及其安全生产条件，依法查处违法行为
政治部	协助开展党的建设、思想政治建设和干部队伍建设工作。政治部日常工作由人事培训处、教育训练处等承担
机关党委	负责机关和直属单位的党群工作
离退休干部处	负责机关和直属事业单位离退休干部工作，指导全省应急管理系统离退休干部工作

资料来源：根据河北省应急管理厅相关资料整理所得。

（四）中国疾病预防控制中心①

在自然灾害、事故灾难、公共卫生事件和社会安全事件这四类突发事

---

① 中国疾病预防控制中心官网，http://www.chinacdc.cn/.

件中，尤其需要特别关注的是突发公共卫生事件。由于突发公共卫生事件的成因具有多样性，各类突发事件均有可能引发公共卫生事件，并且公共卫生事件因为其传播途径、预防控制手段的特殊性，在我国还专门成立了公共卫生事件相关的预防控制部门，具体介绍如下：

中国疾病预防控制中心是由政府举办的实施国家级疾病预防控制与公共卫生技术管理和服务的公益事业单位。其使命是通过对疾病、残疾和伤害的预防控制，创造健康环境，维护社会稳定，保障国家安全，促进人民健康；其宗旨是以科研为依托、以人才为根本、以疾控为中心。在国家卫生健康委的领导下，发挥技术管理及技术服务职能，围绕国家疾病预防控制重点任务，加强对疾病预防控制策略与措施的研究，做好各类疾病预防控制工作规划的组织实施；开展食品安全、职业安全、健康相关产品安全、放射卫生、环境卫生、妇女儿童保健等各项公共卫生业务管理工作，大力开展应用性科学研究，加强对全国疾病预防控制和公共卫生服务的技术指导、培训和质量控制，在防病、应急、公共卫生信息能力的建设等方面发挥国家队的作用。

中国疾病预防控制中心的主要职责涵盖以下15个方面：

（1）为拟订与疾病预防控制和公共卫生相关的法律、法规、规章、政策、标准和疾病防治规划等提供科学依据，为卫生行政部门提供政策咨询。

（2）拟订并实施全国重大疾病预防控制和重点公共卫生服务工作计划和实施方案，并对全国实施情况进行质量检查和效果评价。

（3）指导建立国家公共卫生监测系统，对影响人群生活、学习、工作等生存环境质量及生命质量的危险因素，进行营养食品、劳动、环境、放射、学校卫生等公共卫生学监测；对传染病、地方病、寄生虫病、慢性非传染性疾病、职业病、公害病、食源性疾病、学生常见病、老年卫生、精神卫生、口腔卫生、伤害、中毒等重大疾病发生、发展和分布的规律进行流行病学监测，并提出预防控制对策。

（4）参与和指导地方处理重大疫情、突发公共卫生事件，建立国家重大疾病、中毒、卫生污染、救灾防病等重大公共卫生问题的应急反应系统；配合并参与国际组织对重大国际突发公共卫生事件的调查处理。

（5）参与开展疫苗研究，开展疫苗应用效果评价和免疫规划策略研究，并对全国免疫策略的实施进行技术指导与评价。

（6）研究开发并推广先进的检测、检验方法，建立质量控制体系，促进全国公共卫生检验工作规范化，提供有关技术仲裁服务，受国家卫生计生委认定，开展健康相关产品的卫生质量检测、检验，安全性评价和危险性分析。

（7）建立和完善国家级疾病预防控制和公共卫生信息网络，负责国内外疾病预防控制及相关信息收集、分析和预测预报，为疾病预防控制决策提供科学依据。

（8）组织实施全国性重大疾病和公共卫生专题调查，为国家国民经济与社会发展规划公共卫生战略的制定提供科学依据。

（9）开展对影响国家社会经济发展和国民健康的重大疾病和公共卫生问题防治策略与措施的研究与评价，推广成熟的技术与方案。

（10）组织实施国家级健康教育与健康促进项目，指导、参与和建立国家级社区卫生服务示范项目，探讨社区卫生服务的工作机制，推广成熟的技术与经验。

（11）负责农村改水、改厕工作技术指导，研究农村事业发展中与饮用水卫生相关的问题，为有关部门做好饮用水开发利用和管理提供依据。

（12）组织和承担与疾病预防控制和公共卫生工作相关科学研究，开发和推广先进技术。

（13）负责对下级疾病预防控制机构人员的培训。

（14）开展国际合作与技术交流，引进和推广先进技术。

（15）承担国家卫生健康委交付的其他工作任务。

（五）北京市疾病预防控制中心①

北京市疾病预防控制中心、北京市预防医学研究中心是根据国务院关于卫生监督、卫生防病体制改革的总体要求，在北京市卫生防疫站、北京市劳动卫生与职业病防治研究所、北京市健康教育所、北京市性病防治所的基础上，于 2000 年 6 月正式组建的市级卫生事业单位。

北京市疾病预防控制中心承担着北京市传染性疾病、慢性非传染性疾病、学生常见病、病媒生物传播疾病等预防与控制；突发公共卫生事件应急处置和疫情报告和信息管理；食品卫生、环境卫生、放射卫生和职业卫生等健康危害因素的监测与干预；全市居民的健康教育与健康促进和科研教学等工作。同时还承担着首都重大政治、经济、社会活动的公共卫生保障，首都生物反恐怖袭击应急等任务。

北京市疾病预防控制中心下设 17 个业务科所和 15 个职能科室，工作人员 651 人，其中专业技术人员 606 人，其主要职责如表 3 - 7 所示。

表 3 - 7　北京市疾病预防控制中心内设机构及其相关职责

内设机构	相关职责
学校卫生所	主要承担全市学生的疾病预防与控制工作，为北京市政府及卫生与教育行政管理部门制定有关学生健康的公共卫生政策提供科学依据，为提高全市儿童青少年健康素质乃至全民健康素质奠定基础，同时负责指导区县的学生防病与卫生保健工作

---

① 北京市疾病预防控制中心官网，https：//www.bjcdc.org/.

续表

内设机构	相关职责
传染病地方病控制所	负责全市鼠疫、霍乱、炭疽等23种法定传染病和部分非法定传染病、新发传染病的监测、检测和疫情处理工作
职业卫生所	主要负责全市职业卫生与职业病预防控制、检测检验与评价、技术管理与服务、健康监护与健康促进、职业病诊断、科研、人才培训等工作
免疫预防所	承担北京市疫苗可预防疾病（包括脊髓灰质炎、麻疹、风疹、流行性腮腺炎，白喉、百日咳，新生儿破伤风、狂犬病、流行性脑脊髓膜炎、流行性乙型脑炎、水痘等疾病）的监测和免疫接种率、预防接种不良反应的监测。对免疫预防系统的规范化与信息化建设进行指导和管理，推进规范门诊建设；完善冷链系统的建设与运行管理；督导免疫服务的实施、人员培训与技术指导等工作。根据国家免疫规划制定各项技术方案，在新疫苗的选择、引用方面为卫生行政部门提出建议和论证依据；参与和指导重大预防接种异常反应和重大突发事件的处理工作；组织开展预防接种健康教育和健康促进活动。负责引进和完善免疫预防相关的实验技术，开展和应用病原学、血清学和分子生物学等实验手段，建设免疫预防网络实验室对其工作质量进行考核与评估。开展免疫预防应用性课题研究与专题调查，探索适合本市免疫预防工作的新方法、新经验和新技术，开拓、推进免疫预防工作的开展
放射卫生防护所	负责放射诊疗和核技术应用中的放射防护检测、职业病放射性危害因素评价、全市放射工作人员个人剂量检测等工作，承担着北京地区放射防护与安全研究、教学和培训任务
建设项目卫生评价所	负责全市建设项目职业病危害评价工作的技术管理、国家及北京市重点建设项目的职业病危害预评价与职业病危害控制效果评价及企业职业健康促进等工作
检务科	负责产品类样品检测、检验工作的技术咨询、业务受理、收费管理、报告审核和对外发放工作，同时承担产品类样品的留样管理和相关技术档案的归档管理工作
中心实验室	从事食品安全、环境科学等方面的研究，承担客户和政府委托的食品、化妆品、消毒产品、饮用水的各项检测任务
环境卫生所	负责北京市生活饮用水、涉及饮用水卫生安全产品、化妆品、日用化学品、保健品、卫生用品、室内外环境和公共场所空气、微小气候、集中空调通风系统卫生质量、装修装饰材料、空气净化器等的卫生检验和卫生学评价工作。还承担卫生部、北京市卫生局、北京市药品监督管理局等政府部门的生活饮用水、公共场所、游泳场馆、涉水产品和化妆品抽检任务

续表

内设机构	相关职责
健康教育所	承担全市医疗卫生机构、机关、学校、社区、企业、媒体及下级健康教育机构的业务指导和管理工作；制定并组织实施全市健康教育工作规划，组织开展业务培训，开展健康危险因素、健康素养监测和健康教育需求与效果评估。开展大众卫生科学知识传播活动，提高公众健康素养。负责《健康》杂志和《健康少年画报》的编辑出版发行
信息统计中心	承担信息监测与统计、信息化建设与管理、档案图书管理与服务工作。其中，信息监测与统计：承担全市传染病、职业病、生命统计信息的监测和统计，包括制定监测方案、数据收集和质控、数据分析和报告、技术指导与业务培训等。组织编写的传染病疫情、职业病发病和居民死亡状况等各类分析报告，为全市卫生防病策略的制定和与健康相关的科学研究提供了依据。 信息化建设与管理：负责规划中心卫生信息化项目，组织项目实施和运行管理；负责中心局域网建设和管理，为中心网络和多套视频系统正常运维提供技术保障；负责市疾控中心网站（http://www.bjcdc.org）的规划、运行和维护。 档案图书管理与服务：承担中心档案、图书、期刊的管理和服务工作
慢性病防治所	承担北京市慢性非传染性疾病的预防和控制工作，定期开展慢性病及其危险因素的监测，利用公共卫生手段与技术制定、组织、实施并评估全市慢性病控制的长远规划和干预策略。对高血压、糖尿病、超重肥胖、高脂血症和心脑血管疾病等重点慢性病进行主动和被动监测，以了解北京市慢性病发生、患病及危险因素的流行情况，预测慢性病的流行趋势；将对慢性病人和高危人群的综合防治纳入社区卫生服务，三级预防并重，减少发生、治疗病人、预防并发症、减少残障和死亡。同时，为区县提供技术支持，结合各地区慢性病患病的现状和主要的危险因素，协助制订预防和控制计划和干预方案
营养与食品卫生所	承担北京地区食品安全事故的应急处理；开展北京地区食品安全风险监测与评估；营养监测和营养干预；食品安全标准的制定；承担卫生、药监、农业、工商等部门委托的行政抽检工作
卫生毒理所	开展健康相关产品及环境中外源化学物的毒作用机制及解毒措施研究；保健食品的功能评价方法研究；参与制定相关国家卫生标准和技术规范。承担首都医科大学公共卫生与家庭医学学院卫生毒理教研室本科生和研究生的毒理学教学工作

续表

内设机构	相关职责
消毒与有害生物防制所	负责全市消毒与病媒生物领域监测、检验、管理、培训的专业机构。承担着灾害、疫情以及重大活动的消毒和病媒生物防制工作，以及医疗机构与托幼机构消毒监测、消毒及杀虫灭鼠产品检测、病媒生物监测与控制技术研究等任务
性病、艾滋病防治所	承担北京市性病、艾滋病的管理工作，开展各项监测检验、咨询、治疗、干预、健康教育、培训、考核与评估；制定及实施与性病、艾滋病有关的法律、法规、标准、政策、规划和规范
预防保健中心	开展各型病毒性肝炎的抗原抗体检测及伤寒、痢疾等消化道传染病的筛查。承担全市健康体检信息的联网管理和信息收集分析工作，定期上报市卫生局和卫生监督部门，并及时向各区县卫生局、卫生监督所反馈信息，为卫生监督工作提供依据

资料来源：根据北京市疾病预防控制中心相关资料整理所得。

（六）北京市卫生健康委员会①

北京市卫生健康委员会（以下简称市卫生健康委）是市政府组成部门，为正局级。市卫生健康委贯彻落实党中央关于卫生健康工作的方针政策、决策部署和市委有关工作要求，在履行职责过程中坚持和加强党对卫生健康工作的集中统一领导。其内设机构及相关职责如表3-8所示。

表3-8 北京市卫生健康委员会内设机构及其主要职责

内设机构	主要职责
办公室	负责机关日常运转，承担文电、会务、机要、档案等工作；承担信息、建议议案提案办理、保密、政府信息公开等工作；承担重大事项的组织和督查工作；负责政务服务综合协调

---

① 北京市卫生健康委员会官网，http：//wjw.beijing.gov.cn/.

续表

内设机构	主要职责
发展规划处 （首都医药 卫生协调处）	负责拟订卫生健康事业中长期发展规划及区域卫生健康规划，承担统筹规划与协调优化卫生健康服务资源配置工作，指导卫生健康公共服务体系建设；负责拟订医疗卫生单位建设标准，编制所属单位基本建设年度计划、重点建设项目，并指导实施；推进京津冀卫生健康协同发展，承担首都医药卫生协调委员会办公室的具体工作
政策法规处	承担卫生健康事业发展重大问题的调查研究，提出相关政策建议；承担卫生健康方面综合性重要文稿的起草工作；组织起草卫生健康相关地方性法规草案、政府规章草案；负责机关推进依法行政综合工作；承担行政复议和行政应诉的有关工作；承担机关规范性文件的合法性审核和有关备案工作
体制改革处	承担本市深化医药卫生体制改革具体工作；组织研究本市医药卫生体制改革实施方案及相关配套政策；研究解决医药卫生体制改革中的重点难点问题，对改革进展和效果开展督查和考核评价
疾病预防控制处 （公共卫生管理处）	负责本市公共卫生管理的综合协调；拟订地方疾病预防控制规划、免疫规划、严重危害人民健康公共卫生问题的干预措施，并组织实施；完善疾病预防控制体系，组织对传染病、地方病、慢性病的综合防治、监测和报告，对重大突发疫情实施紧急处置；负责推进精神卫生体系建设，拟订精神卫生的政策规划、技术标准并组织实施；承担北京市防治艾滋病工作领导小组办公室的具体工作
医政医管处 （社会办医服务处）	负责研究提出本市医疗机构设置规划建议；负责医疗机构、医疗技术应用、从业人员的准入工作；组织拟订医疗机构、医疗技术应用、医疗安全、采供血机构管理以及医疗、康复、护理质量和服务的有关政策、规范、标准，并组织实施；承担推进护理、康复事业发展工作；拟订医务人员服务规范并监督实施；拟订医疗机构的运行监管、绩效评价和考核制度；拟订鼓励社会力量提供医疗卫生服务的相关政策措施并组织实施
爱国卫生运动推进处 （健康促进处）	负责拟订爱国卫生和健康促进工作的规划、政策措施以及公众健康教育的目标、规划、政策和规范，并组织实施；承担卫生健康科学普及工作；组织开展国家卫生城市、健康城市、健康社区、卫生村镇创建和社会卫生整体评价等工作；负责统筹协调有关部门开展爱国卫生和健康北京建设工作；依法负责开展禁控烟工作和全市除"四害"的组织监督工作；承担北京市爱国卫生运动委员会办公室的具体工作

续表

内设机构	主要职责
基层卫生健康处	负责本市城乡基层卫生健康工作综合管理；拟订基层卫生健康工作的发展规划、政策措施、规范标准，并组织实施；指导基层卫生健康服务体系建设和乡村医生相关管理工作；参与基层卫生人才队伍建设与实用技术的普及推广工作
卫生应急办公室（突发公共卫生事件应急指挥中心）	负责本市卫生应急体系、院前医疗急救体系的日常建设和管理工作；组织协调突发公共卫生事件预防控制和各类突发公共事件的紧急医学救援工作；组织协调重要活动、重大节日卫生应急保障工作；承担北京市突发公共卫生事件应急指挥部办公室的具体工作
科技教育处	拟订本市卫生健康科技发展规划及相关政策，组织开展相关科研项目、新技术评估管理、科研基地建设；负责实验室生物安全监督；组织指导毕业后医学教育和继续医学教育，参与拟订医学教育发展规划，协同指导医学院校教育；建立住院医师规范化培训制度和专科医师培训制度，并组织实施
综合监督处	承担本市公共卫生、医疗服务等监督工作，查处医疗服务市场违法行为；组织开展职业卫生、学校卫生、公共场所卫生、饮用水卫生、传染病防治、控烟监督检查；完善综合监督体系，指导规范执法行为；负责机关并指导相关单位的安全生产、保卫工作
药械处	负责本市医疗机构药事与医疗器械管理工作；负责对医疗机构大型医用设备、制剂、药品、医用耗材的使用进行监督管理；拟订大型医用装备配置管理办法和标准并组织实施；参与处理医疗机构内药品、医疗器械突发不良事件；负责指导医疗机构合理使用临床药品；组织实施国家药物政策和国家基本药物制度
食品安全标准处	负责组织实施食品安全国家标准；组织拟订、发布本市食品安全地方标准；负责食品生产企业制定的食品安全企业标准的备案工作；组织拟订并实施食品安全风险监测计划，组织开展食品安全风险评估工作
老龄健康处	组织拟订并协调推进本市应对老龄化的政策措施；组织拟订医养结合的政策、标准和规范，建立和完善老年健康服务体系；承担北京市老龄工作委员会办公室的具体工作

续表

内设机构	主要职责
妇幼健康处	负责拟订妇幼卫生健康服务政策、技术标准和规范，并组织实施；推进妇幼卫生健康服务体系建设；承担妇幼卫生、出生缺陷防治、婴幼儿早期发展和生育技术服务工作
职业健康处	组织拟订职业卫生、放射卫生相关政策、标准，并组织实施；组织开展本市重点职业病监测、专项调查、职业健康风险评估和职业人群健康管理工作；协调开展职业病防治工作
人口监测与家庭发展处	承担本市出生人口监测预警工作并提出人口与家庭发展相关政策建议，完善本市生育政策并组织实施，完善和落实本市计划生育特殊家庭扶助制度
公众权益保障处	负责推动建立和谐医患关系，处理本市卫生健康方面的投诉；承担相关信访工作；拟订卫生健康新闻宣传的目标、政策和计划，并组织实施；承担卫生健康新闻宣传和信息发布工作
国际合作处（港澳台办公室）	负责组织指导本市卫生健康工作方面的政府、民间合作交流，组织实施卫生援外工作；负责组织国际医学交流、国际医学会议与国际科技合作；负责世界卫生组织在京合作机构的协调管理工作；负责与港澳台地区的卫生合作交流相关事宜；承担本系统的外事管理工作
保健处（北京市保健委员会办公室）	负责研究起草本市干部保健工作规划和有关政策，并监督实施；负责北京市保健委员会确定的保健对象、医疗关系在本市的中央单位保健对象的医疗保健工作；负责协调国家和本市重要会议、重大活动的医疗卫生保障工作；负责协调保健基地、专家队伍、专业人员和保健管理人才队伍建设工作；承担北京市保健委员会办公室的具体工作
扶贫协作与支援合作处	负责研究拟订本市医疗卫生扶贫协作与支援合作工作的相关配套措施；负责统筹协调、联系服务全市医疗卫生系统扶贫协作与支援合作工作；负责督促检查北京市扶贫协作与支援合作工作领导小组有关决议事项和相关协议的落实情况等；负责卫生健康领域扶贫协作与支援合作工作的组织协调工作

续表

内设机构	主要职责
信息统计处	承担本市卫生健康网络安全与信息化工作；负责卫生健康的统计管理、统计调查与分析的组织工作，监测与生育相关的人口发展动态，提出发布人口生育安全预警的建议；协调推进卫生健康信息互联互通与共享应用工作；参与北京市人口综合信息平台建设
财务处（审计处）	负责北京地区卫生健康总费用的核算及财政投入的监测；负责编报部门预决算和管理资金的使用；负责机关及所属单位财务、国有资产的管理工作；参与拟订本市卫生健康事业经费保障机制的相关政策；提出医疗服务和药品价格政策的建议；负责机关及所属单位的内部审计工作，承担所属单位领导干部经济责任审计工作；承担相关专项审计和绩效评估工作
干部人事处（人才处）	按照干部管理权限，负责本系统领导班子建设和干部管理、培训工作；负责卫生健康系统人才工作的管理；负责机关及所属单位的人事、机构编制等工作；负责组织卫生系列专业技术资格（任职资格）考试评审工作
机关党委（党群工作处）	负责机关及所属单位的党建、宣传、统战、共青团和妇女工作；负责组织政工职称评定工作；负责组织开展精神文明建设活动；承担市卫生健康委党委落实全面从严治党主体责任的具体工作
机关纪委（巡察工作办公室）	负责机关及所属单位的纪检工作；负责党委巡察工作领导小组的日常工作及系统巡察的组织协调等工作
工会	负责机关及所属单位的工会工作；指导北京地区卫生健康行业工会工作
离退休干部处	负责机关及所属单位离退休人员的管理与服务工作

资料来源：根据北京市卫生健康委员会相关资料整理所得。

此外，北京市卫生健康委员会与北京市发展改革委、北京市民政局、北京海关、北京市市场监管局、北京市医保局和北京市药监局等相关部门存在明确的职责分工和协同机制：

（1）与市发展改革委有关职责分工。市卫生健康委负责组织开展本市人口监测预警工作，研究提出本市与生育相关的人口数量、素质、结构、分布方面的政策建议。市发展改革委负责组织监测和评估本市人口变动情况及趋势影响，建立人口预测预报制度，拟订本市人口发展规划和人口政策，研究提出人口与经济、社会、资源、环境协调可持续发展，以及统筹促进人口长期均衡发展的政策建议。

（2）与市民政局有关职责分工。市卫生健康委负责综合协调、督促指导、组织推进本市老龄事业发展，承担老年疾病防治、老年人医疗照护、老年心理健康与关怀服务等老年健康工作。市民政局负责统筹推进、督促指导、监督管理本市养老服务工作，拟订本市养老服务体系建设规划、法规草案、政策、标准并组织实施，承担老年人福利和特殊困难老年人救助工作。

（3）与北京海关的有关职责分工。市卫生健康委负责传染病总体防治和突发公共卫生事件应急工作，与北京海关建立健全应对口岸传染病疫情和公共卫生事件合作机制、传染病疫情和公共卫生事件通报交流机制、口岸输入性疫情通报和协作处理机制。

（4）与北京市市场监管局的有关职责分工。市卫生健康委负责食品安全风险评估工作，会同市场监管局等部门制定、实施食品安全风险监测计划。市卫生健康委对通过食品安全风险监测或者接到举报发现食品可能存在安全隐患的，应当立即组织进行检验和食品安全风险评估，并及时向市场监管局等部门通报食品安全风险评估结果，对得出不安全结论的食品，市场监管局等部门应当立即采取措施。市场监管局等部门在监督管理工作中发现需要进行食品安全风险评估的，应当及时向市卫生健康委提出建议。

（5）与市医保局有关职责的分工。市卫生健康委、市医保局等部门在医疗、医保、医药等方面加强制度、政策衔接，建立沟通协商和信息共享机制，协同推进改革，提高医疗卫生服务的公平性和效率以及医疗保障水平。

（6）与市药监局有关职责的分工。市药监局会同市卫生健康委建立重大药品不良反应和医疗器械不良事件相互通报机制和联合处置机制。

关于公共卫生事件的预防控制，天津市和河北省也成立了类似的公共卫生事件相关的预防控制中心或部门，内设机构和主要职责相似，此处不再赘述。

四、京津冀突发事件现状分析及应急处置

（一）京津冀突发事件现状

为了更好地掌握京津冀三地突发事件的现状，笔者通过各级应急管理部门官方网站以及实地调研等方式分别收集了北京市、天津市、河北省三个地区自 2000 年以来发生的有较大影响力的灾害事故、交通事故、火灾事故和地震事故的灾害情况和相关数据，并对京津冀三地突发事件进行汇总，具体介绍如下：

1. 北京市突发事件现状

（1）北京市灾害事故（见表 3 - 9）。

表 3 - 9　北京市灾害事故

时间	灾害情况
2004 年 7 月 10 日	北京突降大暴雨，从 16 时开始，城八区 2 个小时以内平均降水量超过 50 毫米，几个暴雨点甚至达到 75 毫米，创造了十几年来北京市区罕见的猛烈降雨。暴雨造成北京城区房屋倒塌 5 处，平房漏水 8366 间，楼房漏水 80 余幢 4698 间，道路和小区积水 137 处，地下人防工事及地下室进水 56 处

续表

时间	灾害情况
2004 年 6 月 9 日	位于朝阳区华严里京民大厦西配楼一层发生火灾。导致火灾发生的直接原因是焊接与防水工程交叉作业（承担京民大厦游泳馆修建工程的北京锐标装饰装潢有限公司施工人员用聚氨酯防水材料对游泳馆地面做防水处理，此时，另一组施工人员在游泳馆上方二层平台用氩弧焊焊接不锈钢扶手。溅落的焊花引燃了一层地面上的聚氨酯防水材料，并迅速蔓延。聚氨酯涂层剂为各种色泽的液体或黏稠的易燃液体，主要含有苯、酯等类有机溶剂，燃点小于 61℃，遇热源、明火、氧化剂有起火危险，蒸气有毒，有刺激性）。除造成多人死伤外，还有 200 万元的财产损失
2005 年 1 月 18 日	位于朝阳区大郊亭桥东南角的北京化二股份有限公司院内突然发生爆炸，经济损失 850 万元
2006 年 5 月 17 日	北京市通州区蓝山国际公寓 1 单元 403 室发生煤气泄漏事件，泄漏造成爆炸，房间内两堵墙被炸塌，楼内两部电梯被炸毁，超过 10 个房间的防盗门严重变形，爆炸区域共 10 层的玻璃全部破碎，同时殃及附近的小区，也造成玻璃破碎
2006 年 10 月 11 日	位于丰台区的新发地水果市场冷库发生大火，过火面积达 2000 平方米，除冷库外，被烧毁的都是冷冻进口水果和肉类。此次起火是由于电路原因所致，损失超过 1000 万元

（2）北京市交通事故（见表 3 – 10）。

表 3 – 10　北京市交通事故

现状	2014 年	2015 年	2016 年	2017 年
交通事故 发生数总计（起）	3196	2637	3163	3223
交通事故 死亡人数总计（人）	851	922	1359	1378
交通事故 受伤人数总计（人）	3333	2617	2784	2803

续表

现状	2014 年	2015 年	2016 年	2017 年
交通事故 直接财产损失总计（万元）	3064.7	2088.4	2819.4	3149.5

（3）北京市火灾事故（见表 3-11）。

表 3-11　北京市火灾事故

现状	2009 年	2010 年	2011 年	2012 年
火灾发生数（起）	5615	5468	4044	3409
火灾死亡人数（人）	33	32	30	30
火灾受伤人数（人）	50	13	41	6
火灾直接经济损失（万元）	15926.10	4361.00	5035.00	2967.90
人口火灾发生率（1/10 万人）	45.01	43.34	31.57	26.22

2. 天津市突发事件现状

（1）天津市交通事故（见表 3-12）。

表 3-12　天津市交通事故

现状	2014 年	2015 年	2016 年	2017 年
交通事故 发生数总计（起）	5322	5358	5912	5564
交通事故 死亡人数总计（人）	828	826	821	813
交通事故 受伤人数总计（人）	6171	5954	6398	5542
交通事故 直接财产损失总计（万元）	4256.3	3925.5	4488.8	4532.8

（2）天津市火灾事故（见表3－13）。

表3－13 天津市火灾事故

现状	2009 年	2010 年	2011 年	2012 年
火灾发生数（起）	1328	1148	842	2123
火灾死亡人数（人）	15	23	17	41
火灾受伤人数（人）	13	3	10	22
火灾直接经济损失（万元）	940.8	624.7	842.4	4742.7
人口火灾发生率（1/10 万人）	13.49	11.6	8.42	21.31

3. 河北省突发事件现状

（1）河北省气象灾害情况（见表3－14）。

表3－14 河北省气象灾害情况

年份	气象灾害状况
2018	2018 年，洪涝灾害方面，全省共发生洪涝灾害 14 次，主要集中在 6 月下旬至 8 月。全年受灾人口 99.42 万人，因灾死亡 2 人；农作物受灾面积 105.72 千公顷，其中绝收面积 7.16 千公顷；倒塌房屋 341 间；直接经济损失 5.14 亿元。其中 8 月 6～8 日，全省出现大范围降水过程，石家庄、邢台、保定、张家口、承德、沧州、廊坊和雄安新区等地遭受洪涝灾害，此次过程共造成 20.97 万人受灾，因灾死亡 2 人；农作物受灾面积 20.18 千公顷，其中绝收面积 2.8 千公顷；倒塌房屋 6 间，严重损坏房屋 6 间，一般损坏房屋 568 间；直接经济损失 1.05 亿元。旱灾方面，全年受灾人口 23.26 万人；农作物受灾面积 44.03 千公顷，其中绝收面积 12.97 千公顷，直接经济损失 1.17 亿元
2017	2017 年，风雹灾害频发，大风日数达 2006 年以来最多，局地灾害损失严重。全省共出现大风 1087 站次，较常年偏少 15.8%，但为 2006 年以来最多；出现冰雹 35 站次，较常年偏少 74.9%。全年因风雹造成直接经济损失 14.1 亿元，占全年经济损失的 39.2%。气象干旱以阶段性为主，东北部旱情较重，干旱主要发生在春末夏初和秋季，其中春末夏初旱情影响较大。据省民政厅统计，全年因旱受灾人口 208.6 万人；农作物累计受灾面积 254.8 千公顷，绝收 10.62 千公顷；直接经济损失 8.82 亿元

续表

年份	气象灾害状况
2016	2016年，风雹总体偏少，6月风雹天气频繁，为近十年最多，局地灾害损失严重。全省共出现大风746站日，比常年偏少42.2%，为近六年最多；出现冰雹61站日，比常年偏少56.3%。全年因雹造成经济损失27.93亿元，占各类自然灾害经济损失的4.6%。河北省气象干旱以阶段性为主，整体旱情较轻，主要发生在春季和夏季。据省民政厅统计，全年因旱受灾人口38.3万人次；农作物累计受灾面积27.05千公顷，绝收1.04千公顷；直接经济损失8635.31万元

资料来源：河北省气象局。

（2）河北省交通事故（见表3-15）。

表3-15　河北省交通事故

现状	2014年	2015年	2016年	2017年
交通事故发生数总计（起）	5009	4852	4919	4848
交通事故死亡人数总计（人）	2499	2498	2500	2496
交通事故受伤人数总计（人）	4533	4319	4433	4427
交通事故直接财产损失总计（万元）	4947.9	3995.3	5008.3	4694.8

（3）河北省火灾事故（见表3-16）。

表3-16　河北省火灾事故

现状	2009年	2010年	2011年	2012年
火灾发生数（起）	3052	4757	4557	5012
火灾死亡人数（人）	34	29	16	16

续表

现状	2009 年	2010 年	2011 年	2012 年
火灾受伤人数（人）	16	14	27	13
火灾直接经济损失（万元）	4105.50	5692.60	6731.50	9113.60
人口火灾发生率（1/10 万人）	4.23	6.52	6.20	6.76

（4）河北省地震事故。

1）河北邢台地震①

1966 年 3 月 8 日至 29 日，连续发生多次 6 级、7 级地震。首次地震发生于邢台地区隆尧县以东，震级为 6.8 级，此后，又发生 5 次 6 级地震，以 22 日发生于宁晋县东南的 7.2 级地震为最大。由于灾区土质松散，地下水位较高，古河道等因素影响，地震造成破坏损失严重，破坏范围大。6.8 级地震波及 142 个县市，7.2 级地震破坏范围包括 136 个县市。有感范围北到内蒙古多伦，东到烟台，南到南京，西到铜川等广大地区。地震共造成 8182 人死亡，51395 人受伤，破坏房屋 400 余万间，损坏桥梁 86 座。灾区共发生事故性火灾 115 起，烧死 16 人，烧伤 26 人，烧毁简易房 153 间。邢台西部山区和井陉、武安一带发生山崩 300 余处，山崩飞石引起火灾 22 起，烧山 80 公顷。地裂缝、冒沙、冒水现象普遍，断续延长几十米至数千米。地裂最宽达 2 米。井水上升或外溢等很普遍。滏阳河上几座桥遭严重破坏。艾辛庄大桥桥面向南移动，与桥墩错开 1.8 米，致使交通中断。地震影响区域广。天津市和琢县有发电机掉闸，造成短暂停电现象。石家庄以西和山西昔阳等地破坏程度也较大。

国务院非常重视邢台地震，即令当地驻军赶赴灾区进行抢救。全国各

---

① 背景资料：中国强震及地震带分布情况［EB/OL］．中新网，http://www. chinanews.com/gn/news/2008/05 – 13/1247870. shtml，2008 – 05 – 13.

地大力支援灾区，派出医疗队，支援大批食品和救灾物资。周恩来总理于3月9日冒着地震危险到震区隆尧县听取灾情汇报和救灾情况，慰问灾区人民。震后进驻灾区的医疗队达到94支，医务人员达到7115人。

2）河北唐山地震①

1976年7月28日，唐山市发生7.8级地震。地震的震中位置位于唐山市区。这是中国历史上一次罕见的城市地震灾害。顷刻之间，一个百万人口的城市化为一片废墟，人民生命财产及国家财产遭到惨重损失。北京市和天津市受到严重波及。地震破坏范围超过3万平方千米，有感范围广达14个省份，相当于全国面积的1/3。地震发生在深夜，市区80%的人来不及反应，被埋在瓦砾之下。极震区包括京山铁路南北两侧的47平方千米。区内所有的建筑物几乎荡然无存。一条长8千米、宽30米的地裂缝带，横切围墙、房屋和道路、水渠。震区及其周围地区，出现大量的裂缝带、喷水冒沙、井喷、重力崩塌、滚石、边坡崩塌、地滑、地基沉陷、岩溶洞陷落以及采空区坍塌等。地震共造成24.2万人死亡，16.4万人受重伤，仅唐山市区终身残疾的就达1700多人；毁坏公产房屋1479万平方米，倒塌民房530万间；直接经济损失高达54亿元。全市供水、供电、通信、交通等生命线工程全部破坏，所有工矿全部停产，所有医院和医疗设施全部破坏。地震时行驶的七列客货车和油罐车脱轨。蓟运河、滦河上的两座大型公路桥梁塌落，切断了唐山与天津和关外的公路交通。市区供水管网和水厂建筑物、构造物、水源井破坏严重。开滦煤矿的地面建筑物和构筑物倒塌或严重破坏，井下生产中断，近万名工人被困在井下。唐山钢铁公司破坏严重，被迫停产，钢水、铁水凝铸在炉膛内。三座大型水库和两座中型水库

① 背景资料：中国强震及地震带分布情况［EB/OL］．中新网，http：//www.chinanews.com/gn/news/2008/05－13/1247870.shtml，2008－05－13.

的大坝滑塌开裂，防浪墙倒塌。410座小型水库中的240座震坏。6万眼机井淤沙，井管错断，占总数的67%。沙压耕地3.3万多公顷，咸水淹地4.7万公顷。毁坏农业机具5.5万余台（件）。砸死大牲畜3.6万头，猪44.2万多头。唐山市及附近重灾县环境卫生急剧恶化，肠道传染病患病尤为突出。

震后，党中央和国务院迅速建立抗震救灾指挥部。解放军和全国各地的救援队伍、物资源源不断地云集唐山，展开了规模空前的紧张的救灾工作，及时控制了灾情，减少了伤亡。市区被埋压的60万人中有30万人自救脱险。解放军各部队出动近15万人。唐山机场一天起降飞机达390架次。京津唐电网3000多人组成电力抢修队。全国13个省份和解放军、铁路系统的2万多名医务人员，组成近300个医疗队、防疫队。空运重伤员到外省市治疗，共动用飞机474架次，直升机90架次；共开出159个卫生专列。各级政府及时解决了群众喝水、吃饭、穿衣问题。重建家园工作于1976年底着手准备，1978年开始，10年后一个欣欣向荣的新唐山出现在中国大地。

3）河北尚义地震①

1998年1月10日11时50分，尚义以东地区发生6.2级地震，造成了严重的人员伤亡和经济损失，是当年中国大陆地区最严重的一次地震灾害。地震灾区涉及张北、尚义、万全和康定县的19个乡镇，灾区人口近17万。地震中有49人死亡，11439人受伤，其中重伤362人，伤亡人数占全国当年总数的83.9%。由于当地居民房屋的结构和选址不合理，房屋的建筑质量和抗震性能不强，有些房屋本身就已经很危险，因此，房屋破损较为严重，破坏面积达到650多万平方米，其中完全毁坏175.4万平方米。地震的直接经济损失高达7.94亿元，占当年总数的44.6%。与该县相邻的山西大

---

① 背景资料：中国强震及地震带分布情况［EB/OL］．中新网，http://www.chinanews.com/gn/news/2008/05－13/1247870.shtml，2008－05－13.

同高天镇县遭受的直接经济损失也达到587.9万元。震后政府和各方面共投入救灾款项8.36亿元。

（二）京津冀突发事件应急处置的典型事例

为了更好地了解京津冀三地在突发事件发生后所采取的应急处置措施，笔者通过各级应急管理部门官方网站以及专家访谈等方式分别对京津冀三地近年来发生的有重大社会影响力的突发事件的应急处置情况进行汇总，并将北京大兴重大火灾事故、北京交通大学实验室爆炸事故、天津"8·12"特大火灾爆炸事故、天津大港库火灾事故、张家口爆炸事故作为典型事例进行研究，详细整理并分析了上述事件发生的背景、经过、伤亡情况、原因分析、应急处置、调查结果、事件影响和调查报告等。具体介绍如下。

1. 北京大兴重大火灾事故[①]

（1）事发经过。

2017年11月18日18时15分，北京市"119"指挥中心接到报警，大兴区西红门镇新建村新康东路8号发生火灾，消防部门立即调派14个中队34部消防车赶赴现场开展灭火工作。21时许，明火被扑灭。经全力施救，共营救搜救出被困人员73人，其中19人遇难，8人受伤。受伤人员被迅速送往医院进行救治。当晚21时6分，地下冷库明火被扑灭。截至2017年11月23日，大兴区"11·18"火灾中6名伤者分别从北京朝阳医院、积水潭医院和北京儿童医院平安出院。

（2）事故伤亡。

火灾共造成19人死亡，8人受伤。其中，男性11人（18岁以下6人），

---

① 贺勇. 北京大兴火灾造成19死8伤警方刑事拘留18人［EB/OL］. 中新网，http：//www. chinanews. com/sh/2017/11－20/8381403. shtml，2017－11－20.

女性8人（18岁以下2人）。专案组通过家属辨认、DNA检验等手段初步确定了19名遇难者身份，涉及户籍情况如下：山东4人、河南4人、河北4人、陕西2人、北京2人、黑龙江1人、新疆1人、吉林1人。工作组已经与27名受伤和遇难人员家属取得了联系，共接待家属95人，其中，遇难人员家属85人，受伤人员家属10人。

（3）事故原因。

涉案人员共分三个层次，包括起火房屋院落的原始承租人（1人），出租房经营及管理人员6人，出租房日常电路电器维修及冷库建设、设备安装调试人员11人（均无相关专业资质）。经公安部门工作，大兴区"11·18"火灾排除人为放火嫌疑，起火原因系埋在聚氨酯保温材料内的电气线路故障所致。

起火前，地下冷库正处于安装调试阶段，尚未投入使用。在公安部火灾调查专家指导下，联合调查组全力开展事故原因调查工作。经查实，起火部位位于地下中部冷库间南墙中部的墙面上，起火原因系埋在聚氨酯保温材料内的电气线路故障所致。

（4）事故处置。

火灾发生后，北京市委书记蔡奇，北京市委副书记、代市长陈吉宁立即赶赴现场指挥抢救处置。蔡奇要求，全力做好现场搜救和伤者救治，做好善后工作，由市里牵头成立调查组，查明事故原因，严肃追究责任。

2017年11月18日，公安机关以涉嫌重大责任事故罪立案侦查。共查获涉案人员18人，均已采取刑事拘留强制措施，案件正在进一步审查中。火灾发生后，北京市纪委市监委与大兴区纪委监委于11月19日组建联合调查组，派出五个外查组，到有关部门取证；协调公安机关，就违法建设存在的原因，对有关单位和部门的监管责任和履职情况进行调查；市委主要领导明确要求，查明事故原因，严肃追究责任；大兴区委、区政府成立了由区级领导组成的工作组，并设置医疗救助、家属接待、法律服务等专项工作小组协调处置善后工作。

通过开展现场勘查、复勘，物证检验、鉴定，抓捕审讯嫌疑人，现场指认，走访询问相关人员，组织遇难人员尸体检验，组织专家论证等各项工作，综合目前工作情况，此次事故排除人为放火嫌疑。樊某某等20人因涉嫌重大责任事故罪已被大兴公安分局依法刑事拘留。

工作组依据遇难和受伤人员的户籍、亲属关系等情况，设置了工作专班，进行对接服务，同时，为每个专班配备医疗救护、法律服务、安全保障等工作人员，确保接待抚慰工作稳妥有序。同时对因火灾紧急疏散存在生活、居住困难的人员，由属地派出所统一登记核录，提供临时住所，有效保障生活需要。

（5）调查结果。

事故发生后，北京市纪委、市监委会同大兴区纪委、区监委对火灾事故涉及单位和部门的监管责任与履职情况开展调查。

经调查，大兴区政府副区长杜志勇作为全区分管安全工作的主管领导，对安全生产日常检查把关不严，督察整改不力，对该事故负有领导责任。目前市纪委、市监委已对杜志勇进行立案调查，暂停其副区长职务。大兴区西红门镇党委书记郑亚君负责领导镇党委全面工作，对该事故负有领导责任；镇长司文韬主持镇政府全面工作，作为全镇安全工作第一责任人，抓安全生产履职不到位，对该事故负有领导责任。大兴区纪委、区监委决定，对郑亚君予以立案调查，暂停其镇党委书记职务；对司文韬予以立案调查，暂停其镇长职务。大兴区纪委、区监委对火灾事故应负直接责任的西红门镇安全科科长李建华、西红门镇安全科检查三队队长马庆立，分管安全工作的西红门镇党委委员杨学叡、镇社保所所长刘庆楠、镇长助理马连义以及新建二村党支部书记、村主任郑淑芝，原党支部书记杨占林，党支部副书记孙志远，村委委员兼村安全员郑宝良，村委委员马全新 10 人予以立案查处。

市纪委、市监委将继续开展调查工作，根据调查进展对其他相关单位或责任人员进一步立案调查。2017 年 12 月 8 日国务院安委会下发重大生产安全事故查处挂牌督办通知书，决定对北京市大兴区"11·18"重大火灾事故查处实行挂牌督办。

（6）事件影响。

蔡奇指出，2017 年发生的"11·18"重大火灾事故和红黄蓝幼儿园涉嫌伤害儿童事件，触及的都是首都安全稳定底线。我们正面临安全发展的考验，各级领导干部对此要有充分认识，切实提高政治站位，以对党和人民高度负责的政治责任感，确保首都安全稳定，为党中央站好岗、放好哨。必须牢固树立安全发展理念，把维护首都安全稳定作为最大的政治责任，坚决纠正重发展轻安全、重发展轻管理、重救火轻防火、未审批失监管的思想偏差。深刻吸取"11·18"血的教训，发展绝不能以牺牲人的生命为代价。严格落实属地责任，坚持党政同责，层层压实责任。要督促企业和物业业主切实负起安全生产和员工安全的主体责任。要加强统筹协调，形成工作合力，对重大安全事故要严肃问责。

（7）调查报告。

事故调查组按照"四不放过"和"科学严谨、依法依规、实事求是、注重实效"的原则，先后询问（讯问）300 余人次，收集、查阅资料 2000 余份，聘请多名专家对燃烧、爆炸原因进行论证，委托具有资质的技术鉴定机构对事故现场相关物证、设备设施开展检测分析和技术鉴定工作。最终，查明了事故发生的经过、原因，认定了事故性质和责任。2018 年 6 月，北京市政府正式批复了大兴区"11·18"重大事故调查报告。经事故调查组认定，大兴区"11·18"火灾是一起重大生产安全责任事故。

经查，该起事故直接原因为：地下冷库制冷设备在调试过程中，被覆盖在聚氨酯保温材料内为冷库压缩冷凝机组供电的铝芯电缆电气故障造成短路，引燃周围可燃物；可燃物燃烧产生的一氧化碳等有毒有害烟气蔓延导致人员伤亡。

事故调查组同时认定，事发建筑属于违法建设、违规施工、违规出租，安全隐患长期存在；镇政府落实属地安全监管责任不力；属地派出所、区公安消防支队和区公安分局针对事发建筑的消防安全监督检查不到位；工商部门对辖区内非法经营行为查处不力等均是导致事故发生的间接原因。

依据事故调查的结论，市公安局以涉嫌重大责任事故罪对樊兆田等 15 名有关责任人员立案侦查，并由检察机关批准逮捕；市纪委市监察委给予大兴区杜志勇、李强等 21 名人员党纪、政务处分，对大兴区委、区政府党组进行通报问责，并责令其作出书面检查；市安全监管局给予北京康特木业有限公司（聚福缘公寓出租单位）等三家涉事企业 960 万元的行政罚款。同时，事故调查组向大兴区和有关部门提出严格落实属地责任、坚决查处违法建设、狠抓消防安全隐患排查治理、加强流动人口和出租房屋管理、严格查处非法违法经营行为五方面整改措施建议。

2. 北京交通大学实验室爆炸事故①

（1）事发经过。

2018 年 12 月 26 日 9 时 34 分，"119"指挥中心接到海淀区北京交通大

---

① 张燕玲．北京交通大学实验室发生爆炸 3 名参与实验学生死亡［EB/OL］．中新网，ht-tp：//www.chinanews.com/sh/2018/12-26/8712975.shtml，2018-12-26.

学东校区 2 号楼起火的报警，经核实，现场为 2 号楼实验室内学生进行垃圾渗滤液污水处理科研试验时发生爆炸。

（2）事故伤亡。

2018 年 12 月 26 日 15 时，经核实，北京交通大学市政环境工程系学生在学校东校区 2 号楼环境工程实验室进行垃圾渗滤液污水处理科研实验期间，实验现场发生爆炸，事故造成 3 名参与实验的学生死亡。

（3）事故原因。

在使用搅拌机对镁粉和磷酸搅拌、反应过程中，料斗内产生的氢气被搅拌机转轴处金属摩擦、碰撞产生的火花点燃爆炸，继而引发镁粉粉尘云爆炸，爆炸引起周边镁粉和其他可燃物燃烧，造成现场三名学生烧死。事故调查组同时认定，北京交通大学有关人员违规开展试验、冒险作业；违规购买、违法储存危险化学品；对实验室和科研项目安全管理不到位。

（4）事故处置。

事故发生后，学校各专项工作组迅速开展工作。多次看望慰问遇难学生家属，全力做好善后工作；对相关师生开展有针对性的心理辅导；全面开展学校安全工作大检查，排查安全隐患，进行有效管控，防止发生此类事故；全力配合北京市事故调查组开展工作；积极回应各方关切，及时通报相关情况。目前，土建学院院长已停职检查，土建学院遇难研究生的导师停止一切教学科研工作，协助配合事故调查处置工作。

2019 年 2 月 13 日，公安机关对事发科研项目负责人李德生和事发实验室管理人员张琼依法立案侦查，追究刑事责任。根据干部管理权限，经教育部、北京交通大学研究决定，对学校党委书记曹国永、校长宁滨、副校长关忠良等 12 名干部及土木建筑工程学院党委进行问责，并分别给予党纪政纪处分。

事故调查组按照"科学严谨、依法依规、实事求是、注重实效"的原则，通过现场勘验、检测鉴定、调查取证、模拟实验，并委托化工、爆炸、刑侦、火灾调查有关领域专家组成专家组进行深入分析和反复论证，查明了事故发生的经过和原因，认定了事故性质和责任，并提出了对有关责任人员和单位的处理建议及事故防范和整改措施。近日，市政府正式批复了北京交通大学"12·26"事故调查报告。经事故调查组认定，本起事故是一起责任事故。

（5）事故哀悼。

12月26日，北京交通大学东校区土建学院市政与环境工程实验室内进行垃圾渗滤液污水处理科研实验时发生爆炸，3名参与实验的研究生不幸遇难，全校师生深感悲痛，以多种方式表达哀思。12月26日晚，北京交通大学土木建筑工程学院官方网页变成灰色调，首页显示"沉痛哀悼环境工程专业三名遇难学生"。

（6）事件影响。

2019年1月3日，国务院安委会办公室召开高等学校实验室安全管理工作视频会议，深入贯彻落实党中央、国务院领导同志指示批示要求，深刻吸取北京交通大学"12·26"较大事故教训，进一步推动高校实验室安全管理责任落实。国务院安委办副主任、应急管理部副部长孙华山出席会议并讲话。

会议指出，近年来，高校实验室安全事故时有发生，造成人员伤亡，冲击人民群众和广大师生的安全感，暴露出我国高校实验室管理存在安全责任不落实、管理制度不健全、危险物品安全管理不到位、实验人员违规操作、相关部门安全监管存在薄弱环节等问题。

会议强调，各高校要加强实验室安全责任体系建设，深化学校、二级院系、实验室三级安全管理责任落实；完善和落实各项管理制度，实现对实验室安全的全过程、全要素、全方位管控；强化对实验室危险物品采购、运输、存储、使用等各环节的管理；加强实验室安全检查，全面排查各环节风险隐患；狠抓安全宣传教育培训，不断提高广大师生安全知识水平。

3. 天津"8·12"特大火灾爆炸事故①

（1）事发经过。

2015 年 8 月 12 日 22 时 50 分接警后，最先到达现场的是天津港公安局消防支队。

2015 年 8 月 12 日 22 时 51 分 46 秒，瑞海公司危险品仓库最先起火。

2015 年 8 月 12 日 23 时 34 分 6 秒发生第一次爆炸，近震震级约 2.3 级，相当于 3 吨 TNT；发生爆炸的是集装箱内的易燃易爆物品。现场火光冲天，在强烈爆炸声后，高数十米的灰白色蘑菇云瞬间腾起。随后爆炸点上空被火光染红，现场附近火焰四溅。

2015 年 8 月 12 日 23 时 34 分 37 秒，发生第二次更剧烈的爆炸，近震震级约 2.9 级，相当于 21 吨 TNT。

国家地震台网官方微博"@中国地震台网速报"发布消息称，"综合网友反馈，天津塘沽、滨海等，以及河北河间、肃宁、晋州、藁城等地均有震感"。

截至 2015 年 8 月 13 日早 8 点，距离爆炸已经有 8 个多小时，大火仍未完全扑灭。因为需要沙土掩埋灭火，需要很长时间；事故现场形成 6 处大火点及数十个小火点。

2015 年 8 月 14 日 16 时 40 分，现场明火被扑灭。

---

① 王硕. 天津港"8·12"特别重大火灾爆炸事故调查报告［EB/OL］. 中新网，http：//www.chinanews.com/sh/2016/02 – 05/7750596. shtml，2016 – 02 – 05.

（2）事故伤亡。

截至 2015 年 9 月 11 日下午 3 点，共发现遇难者总人数 165 人，8 人失联。其中，公安消防人员 24 人，天津港消防人员 75 人，民警 11 人，其他人员 55 人。失联者人数为 8 人，其中，天津港消防人员 5 人，其他人员 3 人。住院治疗人数 233 人，其中，危重症 3 人，重症 3 人，累计出院 565 人。

2016 年 11 月 7 日，法院经审理查明，事件造成 165 人遇难、8 人失踪，798 人受伤住院治疗，304 幢建筑物、12428 辆商品汽车、7533 个集装箱受损。截至 2015 年 12 月 10 日，事故造成直接经济损失人民币 68.66 亿元。

（3）事故原因。

调查组查明，事故的直接原因是：瑞海公司危险品仓库运抵区南侧集装箱内硝化棉由于湿润剂散失出现局部干燥，在高温（天气）等因素的作用下加速分解放热，积热自燃，引起相邻集装箱内的硝化棉和其他危险化学品长时间大面积燃烧，导致堆放于运抵区的硝酸铵等危险化学品发生爆炸。

调查组认定，瑞海公司严重违反有关法律法规，是造成事故发生的主体责任单位。该公司无视安全生产主体责任，严重违反天津市城市总体规划和滨海新区控制性详细规划，违法建设危险货物堆场，违法经营、违规储存危险货物，安全管理极其混乱，安全隐患长期存在。调查组同时认定，有关地方党委、政府和部门存在有法不依、执法不严、监管不力、履职不到位等问题。天津交通、港口、海关、安监、规划和国土、市场和质检、海事、公安以及滨海新区环保、行政审批等部门单位，未认真贯彻落实有关法律法规，未认真履行职责，违法违规进行行政许可和项目审查，日常监管严重缺失；有些负责人和工作人员贪赃枉法、滥用职权。天津市委、市政府和滨海新区区委、区政府未全面贯彻落实有关法律法规，对有关部门、单位违反城市规划行为和在安全生产管理方面存在的问题失察失管。交通运输部作为港口危险货物监管主管部门，未依照法定职责对港口危险货物安全管理督促检查，对天津交通运输系统工作指导不到位。海关总署督促指导天津海关工作不到位。有关中介及技术服务机构弄虚作假，违法违规进行安全审查、评价和验收等。

（4）事故处置。

2016年11月7日至9日，天津港"8·12"特大火灾爆炸事故所涉27件刑事案件一审分别由天津市第二中级人民法院和9家基层法院公开开庭进行了审理，并于9日对上述案件涉及的被告单位及24名直接责任人员和25名相关职务犯罪被告人进行了公开宣判。宣判后，各案被告人均表示认罪、悔罪。天津交通运输委员会主任武岱等25名国家机关工作人员分别被以玩忽职守罪或滥用职权罪判处3～7年不等的有期徒刑，其中李志刚等8人同时犯受贿罪，予以数罪并罚。

（5）调查报告。

2016年2月，国务院批复了"8·12"天津滨海新区爆炸事故调查报告。经国务院调查组调查认定，天津港"8·12"瑞海公司危险品仓库火灾爆炸事故是一起特别重大生产安全责任事故。

调查组建议依法吊销瑞海公司有关证照并处罚款，企业相关主要负责人终身不得担任本行业生产经营单位的负责人；对中滨海盛安全评价公司、天津市化工设计院等中介和技术服务机构给予没收违法所得、罚款、撤销资质等行政处罚。同时，对天津市委、市政府进行通报批评并责成天津市委、市政府向党中央、国务院做出深刻检查；责成交通运输部向国务院作出深刻检查。

4. 天津大港库火灾事故①

（1）事发经过。

2018 年 10 月 28 日晚 17 时 45 分，天津大港中塘镇安河路中外运长航 5 号仓库发生火灾，存放润滑油桶起火，据相关视频资料显示，现场浓烟滚滚，火焰高达数米。

（2）事故伤亡。

截至 2018 年 10 月 29 日 3 时 50 分，经过消防官兵的奋战，火灾已被扑灭，无人员伤亡。

（3）事故原因。

经调查，起火原因系存放的润滑油桶起火引致。

（4）事故处置。

事故发生后，天津滨海消防赶赴现场进行扑救。应急管理部主要负责人立即赶到部指挥中心，与现场视频连线，指挥调度救援处置工作。

经初步核实，仓库内存有桶装工业润滑油和少量塑料颗粒物，经环保部门检测，空气中未检测到有毒有害物质。火灾发生地周边是空旷工地，附近两家工厂工人已及时疏散，火灾及扑救过程中未造成人员伤亡。相关企业负责人已被控制，并安排人员查询起火原因。

5. 张家口爆炸事故②

（1）事发经过。

2018 年 11 月 28 日零点 41 分，张家口市桥东区河北盛华化工有限公司

---

① 滨海新区中塘镇中外运久凌储运仓库"10·28"重大火灾事故调查报告［EB/OL］. 天津市应急管理局，http：//yjgl. tj. gov. cn/ZWGK6939/SGDCBG354/202007/t20200729_ 3184829. html，2020－07－29.

② 河北张家口中国化工集团盛华化工公司"11·28"重大爆燃事故调查报告［EB/OL］. 河北省应急管理厅，http：//yjgl. hebei. gov. cn/portal/index/getPortalNewsDetails？ id＝7bde0d83－7ff3－4108－9d92－385083c97da8&categoryid＝3a9d0375－6937－4730－bf52－febb997d8b48，2019－02－03.

附近发生爆炸起火事故。

（2）事故伤亡。

截至 2018 年 11 月 28 日晚 9 时许，确认已有 23 人死亡，22 人受伤。2018 年 12 月 4 日，遇难者名单公布。

（3）事故原因。

新华社援引张家口市消防和电力部门的说法，这起爆炸事故发生在张家口市桥东区河北盛华化工有限公司门口，为运输乙炔的大货车爆炸，引起化工厂周边车辆连环爆炸燃烧。而这些乙炔，是盛华旁边的海珀尔新能源公司在生产氢气时所需的材料。

2018 年 11 月 30 日，河北省张家口市政府召开"11·28"爆燃事故新闻发布会，通报事故原因初步调查结果。现已初步查明，发生爆燃事故是由于中国化工集团河北盛华化工有限公司氯乙烯气柜发生泄漏，泄漏的氯乙烯扩散到厂区外公路上，遇明火发生爆燃所导致。

（4）事故处置。

事故发生后，伤者均送往医院救治。11 月 29 日，张家口市政府最新通报，事故发生后，有烧伤、急诊重症、烧伤护理、心理援助等 38 名国家和省级专家抵达张家口协助开展救治工作。此外，29 日晚又有专家和护理骨干到张家口参与救治。张家口市卫计委紧急调配、购置了针对救治所需的悬浮床、大型红外线烤灯等药械，全力保证每名伤员治疗所需，下一步还将继续尽最大努力挽救伤员生命。此外，继续加强与北京卫生部门沟通协调，确保在京救治伤员得到最好的治疗。

接到河北省张家口市桥东区河北盛华化工有限公司附近发生爆炸造成重大伤亡后，应急管理部高度重视，派出副部长付建华率工作组赶赴现场，指导协助地方全力做好伤员救治、善后处置和事故调查处理等工作。

在事故现场，由张家口市安监局牵头，公安消防部门和河北盛华化工有限公司技术人员共同组成隐患排查组，进入厂区逐线逐点排查，密切关注厂区内危化品的保管和转运情况，做好损毁车辆携带油气放卸，消除事故隐患，严防次生灾害发生。此外，还对现场视频、企业、人员、车辆、手机等数据信息进行采集梳理，全面启动了受损房屋、车辆等资产的登记、核查、损失评估等工作。经过对事故涉及的大仓盖镇北甘庄村、梅家营村、向家营村以及周边 11 个重点村走访排查，未发现人身伤亡和重大财产损失情况。

开展了事故遇难人员 DNA 鉴定、家属接待、情绪疏导、抚恤善后等处置工作。家属登记失联人员 23 人，截至 11 月 29 日 18 时，死亡者 DNA 鉴定已完成 7 人，与失联人员其中 7 人相符；其余死亡者 DNA 鉴定正在紧张进行。

11 月 29 日晚间，张家口市政府新闻办公室新闻发布会上表示，涉事企业相关负责人已被管控。

（5）事件影响。

河北盛华化工有限公司工作人员称，公司员工均正常上班，但公司已经暂时停产。

2018 年 11 月 28 日 21 时许，河北张家口市举行"张家口桥东区爆炸事故情况发布会"。会上通报，该事故搜救工作基本结束，现场经搜救确认已有 23 人死亡，22 名伤者已送往医院救治。据张家口市常务副市长郭英介绍，本次事故中有 8 名伤势较重的伤员已被送往北京医院进行救治。

五、京津冀应急合作现状与趋势

上述大量的突发事件案例表明，突发事件不仅具有突发性、公共威胁性和紧急性，其不确定性和扩散性使突发事件错综复杂，关联程度增强，易演变为跨域公共问题，单区域应对难度大、效果不显著，因此跨区域应急合作成为大势所趋。因此，近年来，京津冀地区就联合应对突发事件陆续出台了相关政策文件，如表 3-17 所示。

表 3-17　京津冀联动应急管理相关政策文件

签署/印发日期	京津冀合作协议名称	参与部门
2014 年 8 月 7 日	《京津冀应急管理工作合作协议》	京津冀三地应急办
2016 年 5 月 11 日	《京津冀救灾物资协同保障协议》	京津冀三地民政部门
2016 年 6 月 13 日	《关于建立京津冀区域安全生产应急联动工作机制的协议》	京津冀三地安全监管局
2016 年 11 月 25 日	《京津冀协同应对事故灾难工作纲要》	京津冀三地安全生产委员会办公室
2020 年 4 月 18 日	《关于做好复工复产疫情防控常态化工作的通告》	北京市五部门
2020 年 5 月 16 日	《关于加强首都公共卫生应急管理体系建设的若干意见》	北京市委和北京新冠肺炎疫情防控工作领导小组办公室

资料来源：根据相关资料整理所得。

（一）京津冀三地签署应急管理合作协议

2014 年 8 月 7 日，北京市政府应急办、天津市政府应急办、河北省政府应急办在北京共同签署《京津冀应急管理工作合作协议》，并召开第一次联席会议。

会议指出，今后，三地将不断密切应急管理各项工作中的合作交流。在应急预警方面，将共同建立各级应急管理机构之间的常态信息交流机制，健全安全隐患排查整改工作机制。在应急准备方面，将深入推进应急管理干部、应急救援力量知识培训的共享共用和相关应急预案的联编联演，定期组织跨区域应急联合演练。

（二）京津冀签署救灾物资协同保障协议

2016 年 5 月 11 日，京津冀三地民政部门签署《京津冀救灾物资协同保障协议》，京津冀三地将统筹考虑救灾物资储备库分布和储备物资的种类数量，优化救灾物资储备库布局和品种数量，提升区域救灾物资储备的整体能力。同时，建立京津冀救灾物资储备管理信息平台，实现京津冀三地救灾物资信息共享。

协议对京津冀三地救灾物资协同保障的目标、原则、内容、保障机制做了具体的规定：要统筹考虑三地救灾物资储备库分布和储备物资的种类数量，优化救灾物资储备库布局和品种数量，提升区域救灾物资储备的整体能力；建立京津冀救灾物资储备管理信息平台，实现京津冀三地救灾物资信息共享；建立京津冀三地救灾物资应急援助响应机制，当京津冀三地任何一地遭受较为严重的自然灾害和突发事件时，受灾省（市）民政部门可根据灾情向其他省（市）提出物资支援请求，支援省（市）民政部门应及时建议当地人民政府启动本省（市）应急援助响应机制，对受灾地区进行援助。

防灾减灾救灾工作作为民政工作的重要组成部分，同时也是京津冀民政事业协同发展的重要内容。京津冀原本就是一个整体，京津冀"三地"都通过海河和南北运河水系连成一体。由于自然灾害的关联性，必须要站在"三地"一体化的大尺度、大背景下审视京津冀某地灾害发生对京津冀整个区域的影响，共同应对各类自然灾害。

（三）京津冀建立安全生产应急联动机制

2016 年 6 月 13 日，国家安全生产监督管理总局组织北京市、天津市、河北省安全监管局在天津签署了《关于建立京津冀区域安全生产应急联动工作机制的协议》，力图在更高层面、更大范围建立起协调有序、运转高效的应急联动工作机制，助力区域协同安全发展。

（四）京津冀协同应对事故灾难工作纲要

2016 年 11 月 25 日，《京津冀协同应对事故灾难工作纲要》经第一次京津冀协同应对事故灾难联席会议审议通过。根据联席会议精神，《京津冀协同应对事故灾难工作纲要》在征求三地安委会成员单位意见后，经国家安全生产应急救援指挥中心、北京市、天津市和河北省安全监管局审定，三地各自履行发文程序，以三地安委会办公室联合文件形式发布。

京津冀三省（市）在安全生产应急联动方面，要积极适应京津冀协同发展的新情况、新要求。为此，建立省（市）、地市（区）之间应急协调机制，掌握和共享区域内风险源、应急资源底数，确定跨境事故和重特大事故联合应对工作方式，提高三省（市）协同应对重特大事故的组织指挥能力，明确三省（市）区域内应急救援队伍的服务范围，统筹规划建设和整合应急救援队伍，已成为保障京津冀协同发展国家战略实施的重要工作内容。

为落实京津冀协同发展战略，保障京津冀协同安全发展，有效控制风险、快速应对处置、全面加强应急准备，建立京津冀协同应对事故灾难工作机制，提升京津冀地区协同应对事故灾难的能力。

（五）京津冀新冠肺炎疫情联防联控联动工作机制

针对新型冠状病毒的大暴发，2020 年 2 月 14 日，习近平总书记主持召开中央全面深化改革委员会第十二次会议并发表重要讲话，他强调，确保人民群众生命安全和身体健康，是我们党治国理政的一项重大任务。2 月 23 日，习近平总书记出席统筹推进新冠肺炎疫情防控和经济社会发展工作部署会议并发表重要讲话，深刻分析了中国当前疫情形势和对经济社会发展影响，明确提出了加强党的领导、统筹推进疫情防控和经济社会发展工作的重点任务和重大举措。

新冠肺炎疫情的联防联控是 2020 年以来推动京津冀协同发展的一项重要工作。在疫情发生以后，三地政府迅速建立了京津冀协同发展的新冠肺炎疫情的联防联控工作机制，出台了工作方案，在人员流动引导、交通通道防疫、防疫物资保障、生活物资保障、企业复工复产等方面建立了更加紧密的专业部门对接机制。三地协同办持续地发挥着平台的作用，推动环京周边地区实现通勤人员的 14 天隔离，统一标准，政策互认。针对通勤人员协同北三县和河北固安地区等六个区县，通过"一信一证一卡"的方式，保证安全便利的出行。①

建立了疫情防控沟通机制——京津冀三地卫生健康委的"日沟通制度"，自该制度建立以来，三地卫生健康部门始终保持每天至少一次的沟通

---

① 任峰 . 京津冀强化新冠肺炎疫情联防联控联动［EB/OL］. 新华社，http：//www. he. xinhuanet. com/xinwen/2020－02/26/c＿ 1125626765. htm，2020－02－26.

频次，如遇有协同防控等重要问题，可随时商讨防控措施。① 建立起信息共享机制，主要就京津冀三地共同关注的疫情信息、防控数据、防控措施等内容及时进行通报。同时，建立了疫情协查管控机制，天津市卫生健康委积极与北京、河北卫生健康委和相关机构做好对接，按照工作机制，加强与北京市、河北省的信息时时互通共享，共同发布流行病学调查信息，及时组织好北京市、河北省推送的确诊或疑似病例及其密切接触者等重点人群协查管理，落实好联防联控措施。建立诊疗方案共享和危重病人会诊机制，利用好新冠肺炎重症危重症患者国家级远程会诊平台，必要时可对疑难及危重症患者申请北京专家远程会诊，提高治愈率，降低病亡率。与北京、河北加强沟通，畅通合作机制，互相分享借鉴救治经验，完善本地医疗救治措施，提升救治能力。

2020 年 4 月 18 日北京市五部门研究制定了《关于做好复工复产疫情防控常态化工作的通告》，第 7 条提出"津冀地区来京人员、本市往返津冀地区的人员，来京（返京）后可以通过'北京健康宝'进行京津冀行程记录验证，申请'未见异常'健康状态"。实际工作中，对于在天津、河北全区域的低风险地区连续驻留满 14 天的人员（且不属于国家或本市卫健部门掌握的确诊、疑似、密接、无症状感染人员，以及不在本市居家或集中隔离的人员），以及本市往返天津、河北低风险地区的人员，进京后打开"健康宝"，在弹窗提示页面点击"继续"，通过查询国家政务服务平台进行行程记录及风险地区验证，即可获得"未见异常"健康状态。②

2020 年 5 月 16 日，北京市委十二届十三次全会审议通过了《关于加强

① 张道正. 京津冀三地卫健委建立疫情联防联控合作机制［EB/OL］. 中新网，http：// www. chinanews. com/gn/2020/02－27/9106634. shtml，2020－02－27.

② 《关于做好复工复产疫情防控常态化工作的通告》解读［EB/OL］. 北京市城市管理综合行政执法局，http：//cgj. beijing. gov. cn/art/2020/4/21/art_ 3360_ 7372. html，2020－04－21.

首都公共卫生应急管理体系建设的若干意见》，其中就强化京津冀三地重大应对策略和措施联动等作出了明确部署，人大代表、北京急救中心南区分中心副主任医师班宇侠提到，京津冀三地要进一步树立"一盘棋"思想，既各司其职又着眼全局，实现三地公共卫生应急管理体系更高水平的协同发展。① 天津市人大常委会副主任于世平表示，目前，三地人大结合各自疫情防控工作实际，正在研究拟定公共卫生领域地方性法规专项立法修法计划，着力于补"短板"、堵漏洞、强弱项，统筹推进公共卫生领域地方性法规制定修改工作，推动形成一批公共卫生领域协同立法成果，为京津冀区域公共卫生安全提供法治保障。②

2020 年 9 月 25 日，北京市第十五届人民代表大会常务委员会第二十四次会议通过了《北京市突发公共卫生事件应急条例》，条例中对于应急准备、监测预警、应急处置、应对措施、应急保障等方面做了详细说明。针对突发公共卫生事件的处置流程如下：

（1）监测：市、区疾病预防控制机构负责突发公共卫生事件的日常监测，收集、核实、汇总各级各类医疗卫生机构、相关科研机构、药品零售企业和海关等监测哨点提供的监测信息，跟踪、研判外省市、国（境）外新发突发传染性、流行性疾病风险，综合国内外有关监测情况，形成监测分析报告，向卫生健康部门报告。市各级各类医疗卫生机构负责职责范围内的突发公共卫生事件日常监测和信息报告工作。

（2）报告：执行职务的医疗卫生人员以及有关人员发现发生或者可能发生突发公共卫生事件线索的，应当依法将具体情况向本单位和疾病预防

① 范俊生. 班宇侠代表：加强京津冀公共卫生应急管理体系协同发展［EB/OL］. 人民网, http：//bj. people. com. cn/n2/2020/0524/c82837 - 34038154. html, 2020 - 05 - 24.

② 邵思聪. 京津冀三地今年将推动公共卫生领域协同立法［EB/OL］. 新华网, http：// m. xinhuanet. com/2020 - 04/28/c_ 1125914480. htm, 2020 - 04 - 28.

控制机构报告。获悉情况的疾病预防控制机构、医疗卫生机构以及相关机构应当及时向区卫生健康部门报告，区卫生健康部门应当及时向区人民政府和市卫生健康部门报告。情况紧急时可以越级报告。

（3）启动预案、方案：市、区卫生健康部门收到突发公共卫生事件监测分析报告、信息报告、通报、社会报告后，应当立即组织专业机构和专家开展现场调查确证、先期处置，进行科学分析、综合研判，根据紧急程度、发展态势和可能造成的危害程度，按照国家和本市有关规定提出预警建议或者启动应急预案的建议。市、区人民政府根据建议，依法发布预警或者启动应急预案。

（4）采取措施：突发公共卫生事件发生后，市、区人民政府依据相关程序并按照应急预案明确应急响应级别，依法采取下列一项或者多项措施，并对应急响应级别和应对措施适时调整：①确定定点救治医院、备用医院、临时救治和集中医学观察场所等；②对病人、疑似病人及时进行救治，对传染病病人密切接触者依法进行管理；③组织开展流行病学调查，实施人员健康状况动态监测，及时对易受感染的人群和其他易受损害的人群采取预防性投药、群体防护、应急接种等措施；④合理使用大数据等技术手段，追踪突发公共卫生事件传播链条；⑤实施交通卫生检疫，对道路、交通枢纽和交通工具进行管控；⑥对定点医院、隔离救治场所、污水处理场站、食品集中交易市场、冷链仓储物流设施、出现特定病例的社区（村）等重点场所、区域开展环境监测和消毒；⑦对饮用水及食品生产、加工、储存、运输、销售全过程实施监管，对来源于疫情发生地的食品及其外包装进行检测，对餐饮、物流、交通运输、食品生产经营等行业从业人员加强健康管理；⑧明确风险区域划定标准，确定区域风险等级，分区分级采取差异化、精准化的防控措施等。

（5）总结：突发公共卫生事件的威胁和危害得到控制或者消除后，市、区人民政府应当采取下列措施，首先适时宣布终止应急响应，解除应急措施，恢复社会正常秩序；其次返还征用的财产，并对被征用单位和个人依法予以补偿；最后及时调查、分析突发公共卫生事件发生的原因、过程，对监测预警、信息报送、应急决策与处置等情况进行全面、客观评估，组织善后学习，必要时组织复盘演练，制定改进措施，完善相关应急预案。

公共卫生事件的相关数据采取逐级上报的方式，由网络直报，医院报给县级疾控中心，县级再报市级，市级报给省级，省级报国家疾控中心（CDC），汇总以后最终数据由国家卫健委统一公布。

六、构建跨区域突发事件应急决策支持体系的必要性

随着城市化和信息化发展进程，近年来，人们的社会活动日益增加并日趋多样化，各种突发事件的频繁暴发，给人民的生命和财产带来了严重的损失。突发事件不仅具有突发性、公共威胁性、紧急性，同时突发事件的不确定性与扩散性使突发事件变得错综复杂，呈现跨城市、跨区域特点，极易成为跨界公共问题。实际上，如前文所述，城市和区域往往是为了便于管理而被人为划定的行政管理边界，此划定依据并未考虑致灾因子作用的范围，因此真实发生的突发事件所涉及的范围很可能会跨越人为划定的边界（王宏伟，2017）。

与此同时，信息科技的进步以及基础设施的互联互通对时空产生了严重的"挤压效应"，同时随着城市化进程，人员流动频繁，这些因素都使突

发事件的影响很难被控制在某个局部区域，从而形成跨越行政管理边界的跨区域突发事件。与局部突发事件相比，跨区域突发事件具有跨界性，危及范围往往涉及两个或两个以上的行政区域，因此单一政府部门难以有效处置，这使跨区域应急管理的复杂性更高，处理难度更大，具体表现为对救援物资、信息、人员等方面的整合要求更高。这要求地方政府在应急管理方面建立合作机制，地方政府间通过合作来处理区域性突发事件已经成为必然趋势。

在实践方面，通过本章上文的现状调研发现，京津冀地区政府间已经开展了部分相应的应急合作活动。目前，三地地方政府间的应急合作主要通过建立临时性任务小组、签订应急管理合作协议和救灾物资协同保障协议、建立共同基础设施和应急联动机制、召开地方政府首脑会议、制定协同应对事故灾难工作纲要等方式来实现。地方政府间的应急合作活动也已经取得了一定成效。

然而，地方政府间的应急合作在实践方面仍然面临诸多问题，其中最突出的困境之一就是，目前已有的针对局部突发事件构建的应急决策支持体系无法较好地应对跨区域突发事件，亟须构建一套专门针对跨区域突发事件特性的应急决策支持体系，使其能够在京津冀三地的应急信息沟通、应急资源共享、应急预案协调、应急响应协同，以及突发事件未来演化趋势分析和预测等方面发挥积极作用，真正提升京津冀联合应对跨域突发事件的能力。这也是本书的重点研究内容之一。

第四章

跨域突发事件应急决策支持体系构建

基于跨域突发事件单独应对难度大、效果不显著的问题，本书首先研究了跨区域突发事件联合应对的重要性和必要性（详见本书第三章）。针对多源异构数据实时分析难度大、综合利用率低的问题，本书根据前期的研究工作积累和文献调研结果，并借鉴国内外其他领域跨区域合作思路和决策支持方法，在突发事件应急管理所涉及的传统数据（政府业务数据和现场传感设备数据）的基础上创新性地引入动态的 Web 社会媒体数据，并在多源数据处理和分析的基础之上，构建了一套基于多源信息融合理论的跨区域突发事件应急决策支持体系，该体系主要包括突发事件可视化、突发事件识别与预警、应急处理对策和建议、未来演化趋势分析和预测四个层级，如图 4-1 所示。

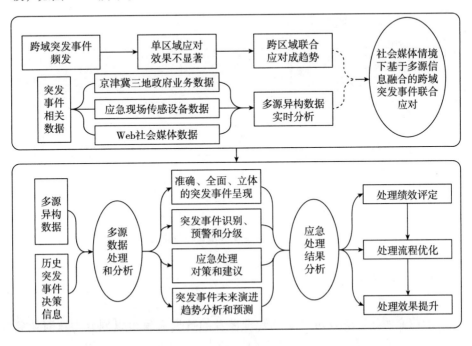

图 4-1　基于多源信息融合的跨区域突发事件应急决策支持体系

一、突发事件可视化

突发事件的可视化是利用已有的监测设备及网络爬虫、结合数据处理技术实时收集并深入分析突发事件相关的多源异构数据，并通过透视表和透视图等可视化技术将复杂事件的起源、发展、扩散程度等演化趋势和规律以直观形象的图表等方式准确、全面、立体地呈现出来。突发事件可视化的主要目的是使管理者能够及时发现跨区域突发事件，准确掌握事件的起源、发展、破坏程度、影响范围、扩散趋势等演化趋势和规律等信息，为相关部门采取有效的预警、及时救援等措施提供科学依据。

具体来讲，突发事件的可视化主要包括数据收集、数据处理和可视化三个主要步骤，如图 4 - 2 所示。

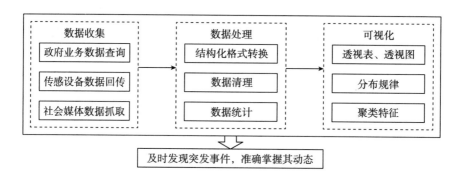

图 4 - 2　突发事件数据可视化框架

（一）数据收集

如前文所述，突发事件应急管理涉及的数据大致可以划分为政府业务数据、应急现场传感设备数据和 Web 社会媒体数据三类。在本书中，政府业务数据的收集主要是通过统计局官方网站查询京津冀各地统计年鉴，得到京津冀三地基础数据，主要包括常住人口数量及人口密度、能源生产总量、地区生产总值、交通运输情况等与应急管理相关的基础数据（详见第三章）；应急现场传感设备数据的收集主要通过实地调研的方式从京津冀三地各级应急管理部门获得三地部署的传感设备回传的数据，主要包括环境物理参数、文字、图片、声音、视频等应急现场相关的数据；Web 社会媒体数据的收集则是研究成员利用数据抓取软件"八爪鱼"筛选出微博中与指定某个突发事件相关的文字、图片及视频信息，从而形成每个突发事件的 Excel 文件，其中蕴含着突发事件的时空分布、活动趋势及相互关系等信息。

（二）数据处理

目前，突发事件的可视化研究工作大多集中在算法的探讨而忽视对数据处理的研究。实际上，数据预处理对后续数据的可视化十分重要，是数据可视化的重要一环，而且必不可少。要使突发事件可视化的展现结果准确、全面、易于理解，必须为其提供干净、准确、简洁、规范化的数据。然而，通过上述数据收集过程获得的多源数据往往不仅是多模态、异构的，而且部分 Web 社会媒体数据还存在噪声严重、可信度低和个体倾向性等问题，因此有必要在可视化之前对数据进行预处理。

针对突发事件相关的三类数据的特点，本书对数据进行的预处理主要包括结构化格式转换、数据清理和数据统计。其中，结构化格式转换是采用突发事件基础数据处理标准（EBDPS）① 将大量关于突发事件的"非结构

---

① 2014 年 5 月，华中师范大学新闻传播学院主办了国家社科基金重点项目"传播预警与突发事件数据库建设"研讨会。在会上，项目负责人喻发胜副院长发布了课题组编制的中国首个"突发事件基础数据处理标准"（Emergency Based Data Processing Standard，EBDPS）（试行版）。

化"和"半结构化"数据进行"结构化"处理，以便将其通过相关程序导入计算机进行统计与运算；数据清理就是全面校验数据源的数据质量，尽量减少差错的过程，比如去除数据噪声和无关数据，纠正数据不一致等问题；数据统计则是为了更好地理解数据，获得数据的总体分布、识别数据的典型特征及凸显噪声或离群点，从而对数据的中心趋势和离散程度等进行度量。

（三）数据可视化

数据可视化是以可视化的角度对突发事件进行综合分析，将空间维与时间维有机地结合在一起，展现复杂的突发事件演化趋势和规律，有利于人们认识各类突发事件发生的时空分布规律、风险演化规律，从而提高人们对突发事件信息收集、风险研判和信息发布的能力。

具体来讲，数据的可视化可以描述突发事件资源及其载体，挖掘、分析、构建、绘制和显示突发事件发展进程和结构关系，通过透视表和透视图等方式在大规模突发事件相关数据上进行上卷、下钻、转轴、切片、切块的复杂分析操作，全方位多维度地展示突发事件的起源、发展、扩散程度等演化趋势和规律。

此外，突发事件的可视化不仅可以对突发事件的发生和演变过程进行动态模拟，还可以将突发事件的应急和处置预案同样以可视化的方法进行表达以观察各种处置预案的效果。在此基础上，发现并总结各级应急管理部门在应对跨区域突发事件方面存在的问题和不足，利用可视化技术实现应急管理从信息优势向决策优势的转变，为政府和各级应急管理部门应对跨区域突发事件提供新的理论依据和科学支撑。

二、突发事件识别与预警

利用上述可视化结果使管理者准确识别正在发生的突发事件，并根据突发事件预警需求，研究预警各个指标及其获取方法，实现多级别突发事件预警，建立突发事件预警级别评估指标体系。通常来讲，突发事件的预警信息包括发布机关、发布时间、可能发生的突发事件类别、起始时间、可能影响范围、预警级别、警示事项、事态发展、应采取的措施、咨询电话等。

如图 4-3 所示，将突发事件预警这一复杂问题分解成为多个相互联系的层次，选取重要指标并设定不同指标的权重，得出对突发事件发展现状及演化态势的评价结果。然后依据突发事件可能造成的危害程度、紧急程度和发展态势将预警级别划分为四个级别：Ⅰ级（特别严重）、Ⅱ级（严重）、Ⅲ级（较重）、Ⅳ级（一般），并依次用红色、橙色、黄色和蓝色表示。

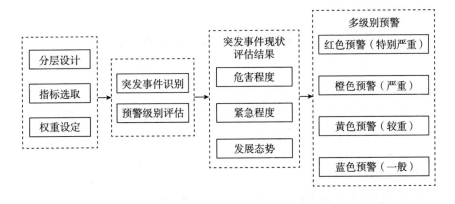

图 4-3 多级别突发事件预警评估指标体系

应急管理中突发事件识别与预警的主要目的是对未来可能出现的突发事件或者已经出现的突发事件的未来趋势和待出现的苗头形成分级别有效预警，从而能够及时发现并有效处置突发事件，使人们可以提前采取一些有效的措施把可能发生的突发事件或是可能恶化的事态"扼杀在摇篮状态"。

目前可用的突发事件预警信息发布手段包括：手机短信、电话发布、政务外网、电视播报、广播电台播报、网站发布、微信发布、微博发布、QQ 发布、北斗卫星、传真发布、邮件发布、手机 App、农村大喇叭、村村通广播、电子显示屏、海洋电台、应急广播、预警智能盒、视频弹幕等，预警面向的人群包括：政府领导、应急联动部门、应急责任人、社会媒体、城市及农村公众等。一般而言，在接到发布中心的发布通知后，在 10 分钟内播发红色、橙色预警信息，在 20 分钟内播发黄色、蓝色预警信息。在紧急情况下，广播电视台要采用中断正常播出等方式迅速播报预警信息及有关防范知识，各基础电信运营企业要按要求在全网或指定区域发布预警信息。

三、应急处理对策和建议

突发事件的应急处理对策和建议是指依据突发事件的预警级别，调取专家库中类似的历史突发事件应急决策的领域知识，辅助应急管理人员制定实时、准确的应急对策，并给出相应的救援建议。

当前，我国应急管理体系主要采用"预测－应对"型模式，主要依赖经验决策、专家咨询、临场会商等传统方法。大量的历史经验表明："预测－应对"型应急管理模式往往适用于应对规模较小、规律性较强、复杂程度不高、事件态势演变缓慢的突发事件，例如小规模的流感流行、普通的洪涝灾害，以及可预见的泥石流滑坡等。然而，对于前兆不明、难以准确预测、具有严重灾害后果的非常规突发事件，例如 2003 年流行的 SARS 病毒、2008 年的"5·12"汶川特大地震、2009 年流行的甲型 H1N1 病毒、2013 年的"4·20"芦山地震，以及当前正在全球蔓延的新型冠状病毒肺炎等非常规性的重特大突发事件，其应急响应通常面临极端环境、资源紧张、信息匮乏、高度时效、心理压力、利益冲突等非常态的特殊问题，现场实时信息纷繁复杂且高度动态变化，政府部门间、社会民众间、政府与社会、政府与受灾者等高度融合，相互关联，应急指令往往导致连锁变化。这种情况下，"预测－应对"型应急管理模式很难适应非常规突发事件应急管理的高度时效性、全面性、动态性和交互性等要求（曾大军、曹志冬，2013）。

因此，近年来，由传统的"预测－应对"向"情景－应对"的转变是应急管理决策范式的发展趋势。突发事件"情景－应对"型应急管理模式，首先需要对物理空间和社会空间的突发事件进行实时而全面的监控与智能分析，从海量、分散、非结构化、实时变化的灾情数据中挖掘出有价值的信息，通过分析获取当前态势的总体描述，进行态势推演，之后进行综合研判和决策，并及时将相关信息提供给需要的人和相关群体，最终使决策者做出恰如其分的现场处置与应急部署。同时，还需要及时获取应急管理措施实施效果的反馈，指导修正应急管理措施。究其实质，"情景－应对"型应急管理模式的关键在于突发事件实时监测数据驱动下的科学决策，而科学决策的关键则在于对突发事件态势的实时掌控，掌控突发事件态势则取决于事件相关数据全面、及时、有效地获取，以及基于数据的理解与认知。

　　目前，"情景－应对"型应急管理模式已在我国学术界达成共识，并通过理论与技术的不断完善，正在向政府和产业界推行，从而逐步确立突发事件"情景－应对"型应急管理的新模式。通常而言，利用突发事件相关的海量社会媒体数据能够实现突发事件的"情景－应对"型决策支持，一般可以分为态势研判、应急响应、救灾处置、组织协作、社会动员和综合研讨六个具体步骤，如图4－4所示。

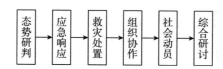

图4－4　"情景－应对"型决策支持体系

四、未来演化趋势分析和预测

　　跨区域突发事件在各区域未来演化趋势的智能分析和预测旨在给出前瞻性且有针对性的决策支持。近年来，情景推演方法越来越多地应用到突发事件的未来演化趋势的预测中，尤其是非常规突发事件。

　　情景推演是一种进行未来研究的方法，通过分析事物发展的多种可能性、动态性和系统性，建立描述其未来发展态势的推演方法和模型（曾大军、曹志冬，2013）。应急决策者对跨区域突发事件进行快速、准确的情景推演，能够认识、判别和分析跨区域突发事件在不同阶段（时间）、不同区域（空间）的态势变化，据此做出及时有针对性的应对决策，进行科学的应急处置。

此外，本书构建的跨区域突发事件应急决策支持体系还能够对应急处理结果进行研究和分析，对各区域的处理绩效进行综合评定，从而不断优化处理流程、提升处理效果。

第五章

跨区域突发事件应急决策支持体系关键问题探讨

为了完善上述构建的跨域突发事件应急决策支持体系，本书还进一步探讨了建立健全该体系所面临的五大关键问题，包括多源异构数据分析与处理问题、不同数据源的权重问题、突发事件可视化问题、多目标下应急资源调度的最优路径问题，以及社会媒体情境下突发事件决策主体的构成问题，并针对上述五大关键问题给出了简要的应对措施，具体描述如下文。

一、多源异构数据分析与处理问题

在突发事件应急管理领域，快速准确地从大量突发事件相关的数据中提取出有价值的信息，对灾前应急准备和灾后救援恢复都具有决定性的作用，因此这对使用的数据处理工具和分析方法提出了很高的要求。美国国家研究委员会（National Research Council）曾做过一个关于信息技术在灾难管理领域中作用的调研报告，该报告指出：灾难管理领域中信息的独特性使该领域中的信息管理、处理和分析面临很大的挑战（Rao et al.，2007）。这些独特性包括数据形式与内容多样化、获取方式与来源多元化，不仅是多模态、异构的，而且部分实时的网络数据还存在噪声、可信度低和个体倾向性等问题。此外，突发事件应急管理领域相关的各类数据都有相关联的时间和地理位置信息，比如新闻报道和公告、商业报告、GIS 数据，传感图片和视频资料等，这些都加大了数据获取、分析和处理的难度。

针对上述数据的独特性和信息特点，本书将突发事件应急管理领域中数据分析和处理的难点概括为信息匮乏和爆炸、信息冗余、信息不一致、时间和地理位置敏感、用户的角色复杂和领域知识的使用这六个方面，具体如下：

（一）信息匮乏和爆炸

大多数突发事件的发生具有偶然性和不可预知性。与其他领域的信息生成特点不同，突发事件信息在通常情况下（在突发事件未发生之前）并不会大量存在，而是在突发事件临近、发生过程中以及发生后的短暂时间范围内出现爆发式的增长，信息的表现形式也会非常多样化。因此，如何应对上述信息匮乏和信息爆炸，发现和监控重要的信息渠道，并预测和控制灾情，成为突发事件应急管理的关键所在。

（二）信息冗余

突发事件发生中或发生后，不同的信息渠道会有很多关于突发事件的报道。针对多样化的突发事件信息，实现有效存储和管理，即对重复信息进行分类并且从多样的重复信息中识别并整合最具代表性的信息，可以极大地节约信息的管理成本和查询成本，提高数据中有价值信息的密度。

（三）信息不一致

信息的不一致往往出现在同一事件的信息中。不同的信息渠道，甚至是同一信息来源的不同时期，对一个事件的描述通常会不一致。以地震灾害的发生为例，与之相关的重要信息，比如地震的范围、地震中心、人员伤亡、救援情况等，不同机构和媒体的报道会出现很多不一致的地方。在大量的相关数据中，找到最准确和最权威的内容并过滤模糊信息，有助于公众和相关机构准确了解灾情并迅速开展和组织赈灾工作。

（四）　时间和地理位置敏感

一方面，突发事件信息具有很高的时间敏感性，尽管有些突发事件发生的时间跨度比较大，但是只有对突发事件情况的最新报道才有价值，人们通常也只愿意关注刚刚发生或将要发生的事件。另一方面，几乎所有的突发事件都有地理信息与之关联，如何快速关联和准确定位突发事件的发生范围对预警和顺利组织援助具有极其重要的意义。

（五）　用户的角色复杂

相同的突发事件信息对于不同角色的机构、组织或个人具有不同的意义。这就需要对用户进行分类，从而直接有效地传递符合用户角色的信息。因此，对用户角色的管理和对信息的分类提出了相应要求。通过对信息传播的途径、范围和受众的管理，一方面可以提高信息密度，另一方面也可以在很大程度上提升信息安全和隐私保护的水平。

（六）　领域知识的使用

领域实践和经验知识对一个有效的突发事件应急管理是必不可少的支持。因此，需要在长期的实践过程中和突发事件应急管理专家、机构、相关政府部门以及企业合作伙伴之间进行不断的交流和沟通，从而提供给系统设计人员和数据分析人员更好的机会来了解社会资源和实体间具体的沟通和交流方式，得到真实需求，从根本上解决系统的实用性。

基于上述突发事件应急管理相关的数据特点，合理有效地进行数据获取、存储、融合和分析，是构建突发事件应急决策支持体系的关键和难点所在。一个成功的突发事件应急决策支持系统能够有针对性地应对和解决以上信息传递中的数据特点和难点，最大限度地保证突发事件应急管理信息和共享平台的有效性和可靠性，从而达到突发事件应急管理的重要目标，即在正确的时间向正确的人传递正确的信息。

考虑到在突发事件应急管理中，用户最关心的就是关于重要事件发生的时间、地点和状态等信息。因此，本书提出通过使用关键信息抽取、语义分析等数据挖掘技术，找出多源异构数据中包含的实体名称、时间和地点等信息，从而将社交网站、博客等社会媒体的异构和多源数据信息转换为结构化数据库记录。同时，还可以根据数据是否与时间关联分为静态数据和动态数据两大类。

此外，为解决社会媒体数据可信度低和个体倾向性等问题，可以通过筛选出一组与突发事件高度相关的网站链接作为可靠信息源，将这些链接作为种子注入突发事件信息爬虫中，用于自动从互联网上下载相关信息。这些链接资源包括行政、媒体、非政府和私营部门四个类别，并以层级结构进行管理。

二、不同数据源的权重问题

各地政府掌握着大量的社会运转数据和最权威的突发事件信息，但这些数据大多以原始数据的形态零散地分布在各个政府部门中，没有充分整合共享以发挥其价值。Web 社会媒体数据的出现，给这些"沉睡的数据"注入了"新的活力"。将社交网络、微博、微信等 Web 社交媒体的信息引入突发事件应急决策，探索其与政府业务数据、现场传感设备数据等其他信息源的融合方式，成为应急决策支持研究的新热点。

如前所述，突发事件应急管理涉及的数据大致可以划分为政府业务数据、应急现场传感设备数据和 Web 社会媒体数据三类。然而，在这些数据中，部分数据表征了突发事件重要的语义信息，而其他部分数据对于表征突发事件内容的作用则小得多。举两个简单的例子，当我们想区分太阳和青草时，颜色相关的数据中红色和绿色的重要性是大于其他颜色特征的，比如黄色、蓝色等；而当我们要区分蓝天和海水时，空间位置相关数据的重要性将会大于颜色相关的数据的重要性，比如蓝色。因此，在对突发事件相关的各个数据源进行处理和分析时，我们希望提取的相关数据具有代表性，并且能够较好地表征突发事件所包含的大部分语义信息，为不同来源的数据分配不同的权重，使对表征突发事件语义有重要作用的数据能够被赋予较大的权重，从而在应急决策支持中发挥更重要的作用。

此外，上述三类不同来源的数据往往在数据量上极不平衡，如果简单地将所有信息"一视同仁"，那么权威的政府业务数据很可能会因为数量较少而被淹没在爆发式增长的海量 Web 社会媒体数据之中。

针对上述问题，本书在研究不同信息源融合方式时，努力探索不同信息源之间的相关性及其可能存在的交互关系，以弥补现有多源信息融合理论存在的不足。同时，在制定应急决策时充分考虑不同数据源的权重问题，使不同数据源在决策支持中发挥不同的作用。具体来讲，依据不同来源的数据对于突发事件应急决策的重要程度不同，可以利用数据挖掘方法动态地为各个信息源赋予不同权重，信息对应急决策越重要，被赋予的权重就越大，其对应急决策的影响也就越大。反之，信息对应急决策越不重要，被赋予的权重就越小，其对应急决策的影响也就越小。

三、突发事件可视化问题

在目前常见的应急决策支持系统中，突发事件相关数据的可视化展示，往往是按照常用功能的基本模块将不同的数据用简单图表的形式展现出来，使数据的功能性有了一定程度的提升。然而，决策支持系统中的数据可视化仍然停留在基本图表的形式上，例如柱状图、折线图、饼状图、直方图，这些基础的可视化图表对于数据价值的呈现是局部的和零散的，用户只能够通过这些图表知道数值的大小范围，却无法仅利用这些样式单一的图表分析得出突发事件的发展进程和未来趋势，以及突发事件随时间变化的破坏程度和在空间范围内的扩散程度等趋势和规律，更无法满足应急管理者观察各种应急处置预案的预期效果并基于此选择最优应急方案的需求。因此，数据在可视化阶段仅仅发挥着报表的作用，对于应急决策的帮助效率仍然不高。

与此同时，近年来突发事件带来的威胁日趋严峻，各级应急管理部门从国家安全的战略高度，需要对各种随机的、意外的突发事件及其次生灾害引起的人员伤亡、房屋损坏、道路封堵、水电通信中断、旅客滞留等的状况和分布有宏观、全面的了解，及时发现跨区域突发事件，准确掌握事件的破坏程度、影响范围及演化趋势等信息，为相关部门采取有效预警、及时救援等措施提供依据，最大限度地减少突发事件给人民的生命财产和国民经济带来的损失。

上述这些需求对突发事件应急决策支持体系提出了更高的要求，不仅需要准确地分析和处理数据，而且要将数据分析的结果以可视化的方式全面、直观、准确地呈现出来。数据的可视化能够帮助突发事件相关数据的最终呈现，对发现数据中新的信息也起到非常关键的作用。在突发事件应急决策支持体系中，突发事件可视化的实质是借助图形化手段，清晰有效地传达与沟通信息，使通过数据表达的内容更容易被理解。

因此，突发事件的可视化需要以多源异构数据为基础建立分析模型，描述突发事件资源及其载体，挖掘、分析、构建、绘制和显示突发事件发展进程和结构关系，通过透视表和透视图等方式将复杂的事件起源、发展、扩散程度等演化趋势和规律，甚至将所采用的应对措施的处置结果以直观形象的图表等方式准确、全面地呈现出来，实现从信息优势到决策优势的转变，提升多地协同应对各类跨区域突发事件的能力。

具体来讲，突发事件的可视化除了使用包括柱状图、折线图、饼状图、直方图等在内的基本图表的形式以外，还可以使用与地理位置有关的地图数据，有时间跨度变化时间线、透视表、透视图、散点图表、网络图表、字体图表（包括金字塔，文本图表）、词云、文本图表等工具进行可视化。

针对跨区域突发事件可视化中的难点问题——跨区域突发事件在不同阶段（时间）、不同区域（空间）的态势变化，可以以热图为例构建一种面向大数据可视化技术框架，首先利用 Spark（专为大规模数据处理而设计的快速通用的计算引擎）平台分层并以瓦片为单位并行计算，然后将结果分布式存储在 Hadoop 分布式文件系统上，最后通过 Web 服务器应用 Ajax（Asynchronous Javascript And XML，异步 JavaScript 和 XML）技术结合地理信息提供各种时空分析服务；也可以在基于地理交通信息的边绑定算法的基础上，利用热图展现交通路径的数据信息，通过热度值与颜色之间的映射展现路径上突发事件在空间范围内的扩散程度等趋势和规律。

四、多目标下应急资源调度的最优路径问题

在突发事件应急管理中，应急资源调度包括应急资源运输路线、选取应急资源供应点、选择应急资源调度方案、指定应急资源调度的动态策略等。在对应急资源进行调度时，需要高效地对救灾物资供给、物流中心运作和发放环节进行整合，以满足跨区域突发事件发生时的救灾物资供应需要，提高突发事件应急救援的效益。

最优路径选择问题是运筹学和计算机科学中的经典问题之一，在应急管理、交通运输、供应链设计、通信网路由、项目运筹管理、能源优化调度以及智力游戏设计等领域有广泛的应用。由于问题特征和网络特征纷繁复杂，求解技术多种多样，最优路径选择算法也各不相同。其中，关于单目标下的最优路径选择的研究相对较多且较为成熟，通常是基于时间最短的考虑设计的。然而，在跨区域突发事件中，由于应急资源分散，受灾点相对较多且分布范围广，因此需要综合考虑时间、成本、风险、安全性等多种影响因素，这就拓展出了多目标下的最优路径问题。在应对跨区域突发事件时，需要依照前期数据分析及可视化结果，结合 GPS 信号和 GIS 地图信息等，在多个"出救点"和"应急点"已知的情况下，研究多目标下应急资源调度的最优路径问题。

经典的最短路径分析算法——Dijkstra 算法是目前多数应急管理系统解决最短路径问题采用的理论基础，主要用于静态网络中求取最佳路径。但在实际应用中，最佳路径不仅指一般地理意义上的最短，还需要考虑交通流量等动态、时变因素，是在建立的动态路网模型中计算得到一条从资源

位置点至灾情位置点的最佳运输路径。考虑到抗灾抢险时对实时动态网络最优运输路径查询和选择的需求，可以以公路路网基础数据和电子地图为基础，建立基于GIS的动态道路网络。同时，针对经典的Dijkstra算法无法求解出实时动态的网络地图的最优路径问题，可以结合交通流状况对道路通行的影响，考虑加入最小通行阻抗这一概念对Dijkstra算法进行了改进和优化。优化后的Dijkstra算法能够更好地提供动态网络地图的最优运输路径分析功能，并成功应用于跨区域应急决策支持系统，为辅助应急资源的调度提供技术支撑。

一般来讲，多目标下应急资源调度的最优路径以时间最短、费用最小，且兼顾安全性的路径选择为宜，必要时可在制定一种最优路径方案的同时，提供备选的次优路径方案，一旦最优路径临时受阻，也可保证及时有效的资源调度。

五、社会媒体情境下突发事件决策主体的构成问题

随着城市化和信息化进程，近年来人们的社会活动日益增加并日趋多样化，使突发事件变得错综复杂，呈现跨城市、跨区域特点，单独应对难度进一步加大，国内外学者纷纷对跨域突发事件应急合作进行研究，提出要将协作性公共管理作为跨域应急管理的趋势，强调构建多主体、多层次的合作框架，重视沟通与协调的重要性。

通常情况下，突发事件发生以后，每个人都有可能成为社会传感网络的一个触角，并以一种没有提前规划却及时有效的方式监测和推动事件进

程，比如发布危机预警、伤亡情况，发布避难场所信息，请求救援，寻找亲人等，海量涌现的信息内容之间上下呼应，相互关联，由此产生了突发事件相关的大数据。这些大数据能够通过网络平台在第一时间以并行处理的方式得到快速响应。这种由社会大众自主自导的社会化的突发事件应急反应能够在突发事件中起到传统渠道难以企及的效果，庞大的网络信息内容对于突发事件应急管理有着不可估量的价值。由此，亿万网民群体则可以构成一个极其庞大的社会传感网络，其探测事物对象特征、活动及运行规律的能力、广度和深度都是传统的监测手段所无法企及的。

关于危机管理，有学者把危机管理的实践和理论进行了很好的结合，在其研究中提出了两种处理危机的模式，一种是基于国外多年处理突发公共事件过程总结出来的应用模式，即由政府独自处理危机模式，目前为止也是国外最常采用的危机处理模式。另一种是除政府以外，其他社会群体也参与应对危机的管理模式，也就是在危机应对时发挥全社会的作用，在公共危机治理的过程中，也把社会大众和其他企业组织调动起来（罗伯特·希斯等，2001）。

突发事件的决策主体，是指为有效应对突发事件、实现突发事件应急决策目标，从而发挥应急决策职能且具有相应决策权的组织和个人。社会媒体的作用已深入突发事件应急管理的各个环节，如灾情速报、寻亲救人、募捐、呼吁理性、监督等，有些官方媒体甚至通过微博或微信客户端向民众传递重要消息。将来自 Web 社会媒体的海量动态数据引入突发事件的应急决策支持，将会改变应急决策主体的构成，从传统单一的政府部门统一决策过渡到政府、企业、个人共同参与的多元决策，在这个过程中政府逐渐开放突发事件相关的业务数据，鼓励公众和第三方机构参与政府应急决策。

决策主体多元化是大数据成功应用的必然结果，其中企业参与突发事件应急决策最著名的案例是谷歌。2009 年，甲型 H1N1 流感暴发的几周前，谷歌通过汇总用户网上检索词条的数据，并利用大数据分析和处理，其预测与官方数据的相似度高达 97%，并且与滞后的官方数据相比，谷歌预测数据成为一个更有效更及时的指示标，该案例的成功可以为我国的多元主体决策提供有益的参考和借鉴。随着自然灾害、事故灾害、公共卫生事件、社会安全事件等各类突发事件频繁暴发，政府的决策负担越来越重，通过广泛调动社会力量参与应急决策，能更好地保证决策的科学性、准确性和时效性。具体表现在以下方面（曾大军、曹志冬，2013）：

第一，全民参与度越来越高，社会传感网络下的灾情探测、传播与反馈非常及时，网络虚拟空间中的灾情呈现几乎与实际灾情同步。

第二，社会媒体能够营造出一种前所未有的社会化的全民动员情势，不仅深入民心，而且得到积极践行，各行各业以行业专长来帮助救灾。例如，电信部门对灾区通信免费、交通部门对应急通道免费，电力部门提供移动车免费为灾区群众充电。

第三，巨灾面前，"110""120""119"等传统的急救信息平台很快饱和，远远无法满足巨灾下的海量急救请求，通过基站收发信号也比较脆弱，容易损毁。此外，短时流量剧增会导致电话无法拨通。相反，微博、微信、社交网络等网络平台则可靠得多，在网络虚拟空间中得到有效关注的急救信息往往能很快得到反馈和现实救助，效果非常好。

第四，近年来，网络虚拟空间中的急救请求信息，可信度越来越高，地理定位越来越普及，结构化程度及可辨识性越来越好，数据质量不断增强，可利用价值大幅提升。

第五，对于灾情信息，社会媒体有较好的整合，但在政府层面，几乎很难看到有效的灾情信息整合。

　　由此可见，将动态的 Web 社会媒体数据创新性地引入突发事件应急管理所涉及的传统数据（京津冀三地政府业务数据和现场传感设备数据），不仅可以为突发事件的应急决策提供重要的参考信息，而且也为突发事件决策主体的多元化奠定了良好的基础。

第六章

研究结论和对策建议

一、研究结论

根据当前跨区域突发事件应急决策所面临的难题，本书将动态的 Web 社交媒体信息引入突发事件应急决策，构建了一套基于多源信息融合的跨区域突发事件应急决策支持体系，并对建立健全该体系所面临的五大关键问题进行了探讨，提出了简要的应对措施。本书的主要结论如下：

第一，针对京津冀跨区域突发事件单独应对难度大、效果不显著的问题，有必要跨区域联合应对。不确定性与扩散性使突发事件错综复杂，关联性加大，易成为跨域公共问题，跨区域应急合作成为趋势，因此对京津冀跨域突发事件联合应对问题进行研究具有重要意义和现实的必要性。

第二，以多源信息融合的视角构建社会媒体情境下的跨区域突发事件应急决策支持体系，能够提高应急决策的准确性和时效性。跨域突发事件应急管理涉及的数据具有多源性、异构性、混杂性和个体倾向性等特点，使数据实时分析难度大、综合利用率低，因此从多源信息融合的视角出发，将社会媒体引入突发事件应急决策，构建跨区域突发事件应急决策支持体系，能够有效提高政府及相关应急管理部门的应急决策水平。

第三，不同来源的信息对突发事件应急决策的重要性不同，应动态地为各信息源赋予不同权重，信息越重要，权重就越大，其对应急决策的影响也越大。本书认为，不同类别的信息对于突发事件应急决策的重要程度是不同的，政府业务数据虽然在量上让位于现场传感设备数据和 Web 社会媒体数据，但其权威性和准确性决定了其价值居于首位。利用数据挖掘方法动态地确定各个信息源的权重，对应急决策有重要作用的信息被赋予较大的权重，从而使其在应急决策制定中发挥更重要的作用。

第四，借助先进的信息技术能够为跨区域突发事件应急决策分析提供科学依据。本书的研究成果将为地方政府和各级应急管理部门应对跨区域突发事件的应急决策分析提供科学依据和实践指导，使应急决策从"理论层面"转向"实证阶段"，从"谋而后动"转向"随动而谋"，从"预测－应对"型转向"情景－应对"型决策支持，最终实现从信息优势到决策优势的转变，提高跨域突发事件应急决策的准确性和时效性，最大限度地减少由跨区域突发事件带来的人员和财产损失，对维护京津冀地区社会安全稳定具有重要的现实意义。此外，本书的研究成果还能够为其他地区的跨区域突发事件的联合应对提供有益的参考和经验借鉴。

二、应急管理的对策和建议

习近平总书记在系列讲话中提出了京津冀协同发展的重大战略思想，并就深入推进平安中国建设多次做出重要指示。然而伴随经济社会的快速发展，近年来各种自然灾害、事故灾难、公共卫生事件和社会安全事件频繁爆发，给人民的生命和财产安全带来了严重威胁。如何在京津冀协同发展的过程中，确保及时发现并有效应对突发事件已经成为政府及应急管理部门亟待解决的重要问题。与此同时，社交网络等 Web 社会媒体的广泛应用，使社会大众的交互式信息沟通能力以及参与社会事务的热情达到空前程度，随之产生的与突发事件相关的大数据蕴含了突发事件极其丰富的知识内涵，正成为应急决策的重要参考信息。

基于本书的研究，提出以下四点京津冀跨域突发事件应急管理的对策和建议：

首先，加快推动京津冀地区跨区域联合应对突发事件。大量案例表明，突发事件不仅具有突发性、公共威胁性和紧急性，其不确定性和扩散性使突发事件错综复杂，关联程度增强，易演变为跨区域公共问题，单区域应对难度大，效果往往不显著，因此跨区域应急合作成为大势所趋。京津冀是我国的"首都圈"，包括北京、天津、河北三个省（市）11 个地级市，不仅是我国的政治中心、文化中心、国际交往中心和科技创新中心所在地，而且地缘相接、地域一体，也是自然灾害、社会安全事件等突发事件的高发地。为推动京津冀一体化进程，2015 年 3 月通过的《京津冀协同发展规划纲要》强调，除了交通一体化外，三地还应在生态环境保护等重点领域率先取得突破，增强资源能源保障能力，统筹社会事业发展，加快公共服务一体化改革。

其次，将 Web 社会媒体引入突发事件应急管理，构建跨区域突发事件应急决策支持体系。近年来，社交网络、微博、微信、网络论坛等 Web 社会媒体发展迅速，每当突发事件暴发，社会媒体的灾情探测、传播与反馈都非常及时，网络空间的灾情呈现几乎与实际灾情同步，这些与突发事件相关的海量数据蕴含了突发事件各类构成要素的时空分布、活动及相互关系等极其丰富的知识内涵。如果能将其快速、有效地与现有应急信息（如关键基础设施、现场 GIS 地图等）进行融合并加以综合利用，能够在突发事件决策分析和应急处理方面发挥积极作用。因此，需要对突发事件相关的多源信息进行有效融合和深层次挖掘，动态调整不同信息源的权重，对应急决策有重要作用的信息被赋予较大权重，从而使其在应急决策制定中发挥更重要的作用。基于此，构建一套跨区域突发事件应急决策支持体系，为京津冀制定更有效的跨区域突发事件应急决策提供理论依据和方法支撑，实现从信息优势向决策优势转变，最大限度地减少突发事件给人民的生命财产和国民经济带来的损失，维护社会安全稳定。

再次，依据突发事件的预警级别，调取专家库相应级别的应急预案，实现突发事件的"情景－应对"型决策支持。近年来，由传统的"预测－应对"向"情景－应对"的转变是应急管理决策范式的发展趋势，利用突发事件相关的海量社会媒体数据能够实现突发事件的"情景－应对"型决策支持，其分为态势研判、应急响应、救灾处置、组织协作、社会动员和综合研讨六个具体步骤。同时，依据突发事件可能造成的危害程度、紧急程度和发展态势，可以将预警级别划分为四个级别：Ⅰ级（特别严重）、Ⅱ级（严重）、Ⅲ级（较重）、Ⅳ级（一般），并依次用红色、橙色、黄色和蓝色表示，对已经出现的突发事件的未来趋势和待出现的苗头形成分级别有效预警，并基于此完善分级别的应急预案专家库。

最后，结合社会发展现状，广泛调动社会力量参与应急决策，积极推动应急决策主体构成的多元化。随着近年来各类突发事件频繁暴发，政府的决策负担越来越重，通过广泛调动社会力量参与应急决策，能更好地保证决策的科学性、准确性和时效性。当前社会媒体的作用已深入突发事件应急管理的各个环节，如灾情速报、寻亲救人、募捐、呼吁理性、监督等，有些官方媒体甚至通过微博或微信客户端向民众传递重要消息。将来自Web社会媒体的海量动态数据引入突发事件的应急决策支持，会改变应急决策主体的构成，从传统单一的政府部门统一决策过渡到政府、企业、个人共同参与的多元决策，在这个过程中政府发挥主导作用并逐渐开放突发事件相关的业务数据，鼓励公众和第三方机构积极参与突发事件决策。

参考文献

[1] Abrahams J. Disaster management in Australia: The national emergency management system [J]. Emerg Med, 2010, 13 (2): 165 – 173.

[2] Agichtein E, Castillo C, Donato D, et al. Finding High – quality Content in Social Media [C]. Proceedings of the International Conference on Web Search and Web Data Mining, WSDM 2008, Palo Alto, California, USA, February 11 – 12, 2008.

[3] Amir S, Bilasco M, Sharif M H, et al. Towards a Unified Multimedia Metadata Management Solution [M]. Hershey: IGI Global, 2012.

[4] Asur S, Huberman B A. Predicting the Future with Social Media [C]. 2010 IEEE/WIC/ACM International Conference on Web Intelligence and Intelligent Agent Technology, IEEE, 2010.

[5] Bertot J C, Jaeger P T, Hansen D. The impact of polices on government social media usage: Issues, challenges, and recommendations [J]. Government Information Quarterly, 2011, 29 (1): 30 – 40.

[6] Bharosa N, Lee J K, Janssen M. Challenges and obstacles in sharing and coordinating information during multi-agency disaster response: Propositions from field exercises [J]. Information Systems Frontiers, 2010, 12 (1): 49 – 65.

社会媒体情境下京津冀跨域突发事件应急决策支持体系

［7］ Bishop C M. Pattern Recognition and Machine Learning (Information Science and Statistics) ［M］. New York: Springer – Verlag, Inc. , 2006.

［8］ Brink S, Davidson R, Tabucchi T. Strategies to reduce durations of post – earthquake water service interruptions in Los Angeles ［J］. Structure and Infrastructure Engineering, 2012, 8 (2): 199 – 210.

［9］ Carter R J, Dubchak I, Holbrook S R. A computational approach to i-dentify genes for functional RNAs in genomic sequences ［J］. Nucleic Acids Research, 2001, 49 (4): 779 – 798.

［10］ Chen B, Fay S, Wang Q. The role of marketing in social media: How online consumer reviews evolve ［J］. Journal of Interactive Marketing, 2011, 25 (2): 85 – 94.

［11］ de Zúxfiga H G, Jung N, Valenzuela S. Social media use for news and individuals, social capital, civic engagement and political participation ［J］. Journal of Computer – Mediated Communication, 2012, 17 (3): 319 – 336.

［12］ Gilbert E, Karahalios K. Predicting Tie Strength with Social Media ［R］. Human Factors in Computing Systems, 2009.

［13］ Golbeck J, Robles C, Turner K. Predicting Personality with Social Media ［R］. Human Factors in Computing Systems, 2011.

［14］ Gunes A E, Kovel J P. . Using GIS in emergency management operations ［J］. Journal of Urban Planning and Development – Asce, 2000 (68): 136 – 149.

［15］ Hanna R, Rohm A, Crittenden V L. We're all connected: The power of the social media ecosystem ［J］. Business Horizons, 2011, 54 (3): 265 – 273.

［16］ Hare J, Lewis P. Automatically Annotating the Mir Flickr Dataset ［C］. Proceedings of the 2nd ACM international Conference on Multimedia information Retrieval, 2010.

［17］ Hsu W, Chiang W, Chen C. Earthquake risk assessment and optimal risk management strategies for Hi – Tech Fabs in Taiwan ［J］. Natural Hazards, 2013, 65 (3): 2063 – 2076.

［18］ Ikeda Y, Beroggi G E G, Wallace W A. Supporting multigroup emergency management with multimedia ［J］. Safety Science, 1998, 30 (1): 223 – 234.

［19］ Ji Z, Anwen Q. The Application of Internet of Things (IOT) in Emergency Management System in China ［C］. IEEE International Conference on Technologies for Homeland Security, IEEE, 2010.

［20］ Jordan M, Jacobs R. Hierarchical mixtures of experts and the EM algorithm ［J］. Neural Computation, 1994, 6 (2): 181 – 214.

［21］ Kalva P, Enembreck F, Koerich A. Web Image Classification Based on the Fusion of Image and Text Classifiers ［C］. Proceedings of the 9th International Conference on Document Analysis and Recognition, IEEE Computer Society, 2007: 561 – 568.

［22］ Kang W, Duan W W, Wen L. Research on Emergency Information Management Based on the Social Network Analysis – A Case Analysis of Panic Buying of Salt ［C］. International Conference on Information Systems for Crisis Response & Management, IEEE, 2011.

［23］ Kaplan A M, Haenlein M. Users of the world, unite! The challenges and opportunities of Social Media ［J］. Business Horizons, 2010, 53 (1): 1 – 68.

［24］ Khalil K, Abdel – Aziz M, Nazmy T, Salem A. The Role of Artificial Intelligence Technologies in Crisis Response ［C］. 14th International Conference on Soft Computing, Czech Republic, 2008: 293 – 298.

［25］ Kietzmann J H, Hermkens K, Mccarthy I P, et al. Social media? Get serious! Understanding the functional building blocks of social media ［J］. Business Horizons, 2011, 54 (3): 241 – 251.

［26］ Kim – Farley R J, Celentano J T, Gunter C, et al. Standardized emergency management system and response to a smallpox emergency ［J］. Prehospital and Disaster Medicine, 2003, 18 (4): 313 – 320.

［27］ Lanckriet G, Cristianini N, Bartlett P, et al. Learning the kernel matrix with semi – definite programming ［J］. The Journal of Machine Learning Research, 2004 (5): 27 – 72.

［28］ Laroche M, Habibi M R, Richard M O. To be or not to be in social media: How brand loyalty is affected by social media? ［J］. International Journal of Information Management, 2013, 33 (1): 76 – 82.

［29］ Lee W, Verzakov S, Duin R. Kernel Combination Versus Classifier Combination ［C］. Multiple Classifier Systems, 7th International Workshop, MCS 2007, Prague, Czech Republic, May 23 – 25, 2007.

［30］ Leskovec J, Huttenlocher D, Kleinberg J. Signed Networks in Social Media ［C］. Sigchi Conference on Human Factors in Computing Systems, 2010.

［31］ Li T, Ogihara M. Semisupervised learning from different information sources ［J］. Knowledge and Information Systems, 2005, 7 (3): 289 – 309.

［32］ Li T, Li L. Music Data Mining: An Introduction ［M］. Boca Raton: CRC Press, 2011.

［33］ Liu CH, Luo JY. A study on the construction of cross – regional emergency management system from a globalization perspective ［J］. International Business and Management, 2016, 12 (1): 1 –5.

［34］ Lu L, En – Yi Z. Government Network Public Opinion Management under Political Participation with Micro – blog ［C］. International Conference on Public Administration, 2011.

［35］ Malloy J. The Origins of Social Media ［M］. Massachusetts: MIT Press, 2016.

［36］ Mangold W G, Faulds D J. Social media: The new hybrid element of the promotion mix ［J］. Business Horizons, 2009, 52 (4): 357 –365.

［37］ Mayfield A. "What is social media", in CIBMTR Org ［EB/OL］. https: //www. icrossing. com/uk/sites/default/files _ uk/insight _ pdf _ files/What%20is%20Social%20Media_ iCrossing_ ebook. pdf, 2008.

［38］ Mitchell W. 911: Criticism and crisis ［J］. Critical Inquiry, 2002, 28 (2): 567 –572.

［39］ O' Keeffe G S, Clarke – Pearson K. The impact of social media on children, adolescents, and families ［J］. Pediatrics, 2011, 127 (4): 800 –804.

［40］ Rao R R, Eisenberg J, Schmitt T, et al. Improving Disaster Management: The Role of IT in Mitigation, Preparedness, Response, and Recovery ［M］. Washington D C: National Academies Press, 2007.

［41］ Rasekh A, Vafaeinezhad A. Developing a GIS based decision support system for resource allocation in earthquake search and rescue operation ［J］. Computational Science and Its Applications, 2012 (2): 275 –285.

[42] Rees J, Barkhi R. The problem of highly constrained tasks in group decision support systems [J]. European Journal of Operational Research, 2001, 135 (1): 220 – 229.

[43] Rodrigues A S, Santos M A, Santos A D, et al. Dam – break flood emergency management system [J]. Water Resources Management, 2002, 16 (6): 489 – 503.

[44] Schölkopf B, Smola A. Learning with Kernels: Support Vector Machines, Regularization, Optimization, and Beyond [M]. Massachusetts: MIT Press, 2002.

[45] Shirky C. The political power of social media: Technology, the public shere, and political change [J]. Foreign Affairs, 2011, 90 (1): 28 – 41.

[46] Tsay R, Ando T. Bayesian panel data analysis for exploring the impact of subprime financial crisis on the US stock market [J]. Computational Statistics & Data Analysis, 2012, 56 (11): 3345 – 3365.

[47] Tufekci Z, Wilson C. Social media and the decision to participate in political protest: Observations from tahrir square [J]. Journal of Communication, 2012, 62 (2): 363 – 379.

[48] Wang R, Tian Z, Ma Y. Corporate Social Responsiveness in Crisis of Public Opinion : From the Perspective of Issue Management [C]. International Conference on Business Management & Electronic Information, 2011.

[49] Wu L, Oviatt S, Cohen P. Multimodal integration—A statistical view [J]. IEEE Transactions on Multimedia, 2002, 1 (4): 334 – 341.

[50] Xiang Z, Gretzel U. Role of social media in online travel information search [J]. Tourism Management, 2010, 31 (2): 179 – 188.

［51］ Yan X U, Jiang L, Xiaokuan Y, et al. Plan of the 29th Olympic Games' Transportation Emergency Management System ［C］. Progress in Safety Science and Technology Vol. 5 pt. B. Beijing University of Technology, Transportation Research Center, 2005.

［52］ Yates D, Paquette S. Emergency knowledge management and social media technologies：A case study of the 2010 Haitian earthquake ［J］. International Journal of Information Management, 2010, 31（1）：1 – 13.

［53］ Ye J, Nie Y. Public emergencies：Cause accident costs about hundreds of billions ［N］. Xinhua Daily Telegraph, Economy, 2005 – 11 – 28（6）.

［54］ Yin – Lai L I, Jing A N. Analysis on the Online Public Opinion Management in the Context of Web 2.0 ［C］. 2010 公共管理国际会议（第六届）.

［55］ Zarcadoolas C, Boyer J, Krishnaswami A, Rothenberg A. GIS maps to communicate emergency preparedness：How useable are they for inner city residents? ［J］. Journal of Homeland Security and Emergency Management, 2011, 4（3）, article 16.

［56］ Zhu Q, Yeh M, Cheng K. Multimodal Fusion Using Learned Text Concepts for Image Categorization ［C］. Proceedings of the 14th Annual ACM International Conference on Multimedia, 2006：211 – 220.

［57］ 安天征. 面向社会媒体的用户推荐方法研究 ［D］. 哈尔滨：哈尔滨工程大学博士学位论文, 2017.

［58］ 鲍小佳, 谢婷玉, 刘莉颖. 高校突发事件网络舆情应对研究 ［J］. 高校后勤研究, 2019（6）：68 – 70.

［59］曹峰，李海明，彭宗超．社会媒体的政治力量——集体行动理论的视角［J］．经济社会体制比较，2012（6）：150－159.

［60］陈长坤，许丽丽，赵冬月，陈杰．雄安新区对京津冀公共安全协同能力影响及对策分析［J］．武汉理工大学学报（信息与管理工程版），2018，40（2）：117－121.

［61］陈国华，湛孔星．跨城域突发事故灾害应急管理体系及关键问题探讨［J］．中国安全科学学报，2009（9）：172－177.

［62］陈鹤杰，闫强，张久润．表达性社会媒体对图书营销的影响及对策研究［J］．科技与出版，2018（2）：77－81.

［63］陈进峰．我国防灾减灾科技应用与建设的现状、问题及建议［J］．城乡建设，2008（8）：54－55.

［64］陈璟浩．突发公共事件网络舆情演化研究［D］．武汉：武汉大学博士学位论文，2014.

［65］陈帅旗．突发事件应急信息发布策略研究［D］．保定：河北大学硕士学位论文，2018.

［66］陈艳红，刘芳．突发事件中的政府信息发布研究综述［J］．档案学研究，2011（5）：15－19.

［67］邓永伟．"情景－应对"模式下自然灾害应急物资调配体系构建研究［D］．成都：电子科技大学硕士学位论文，2016.

［68］丁效．基于社会媒体的市场行情预测方法研究［D］．哈尔滨：哈尔滨工业大学博士学位论文，2016.

［69］丁兆云，贾焰，周斌．微博数据挖掘研究综述［J］．计算机研究与发展，2014，51（4）：691－706.

［70］董国忠．面向微博突发话题的舆情分析若干关键技术研究［D］.

哈尔滨：哈尔滨工程大学博士学位论文，2017.

［71］杜娟．"微"营销：社交媒体背景下图书营销的新思维［J］．出版广角，2015（9）：98－99.

［72］杜彦良，高阳，孙宝臣．关于京津冀交通一体化建设的几点思考［J］．北京交通大学学报，2018，42（1）：1－6.

［73］杜治娟，王硕，王秋月，孟小峰．社会媒体大数据分析研究综述［J］．计算机科学与探索，2017，11（1）：1－23.

［74］付博，刘挺．社会媒体中用户的隐式消费意图识别［J］．软件学报，2016，27（11）：2843－2854.

［75］高新波，沈钧戈．基于社会媒体的旅游数据挖掘与分析［J］．数据采集与处理，2016，31（1）：18－27.

［76］高智．县级石油化工密集的工业园区应急管理体系完善研究——以陕北安塞工业园区为例［D］．西安：西北大学硕士学位论文，2018.

［77］郭其云，陈震，夏一雪，唐伟勤．基于京津冀一体化的应急救援联动机制［J］．消防科学与技术，2015，34（11）：1509－1513.

［78］郭子雪，张培．基于多粒度语言的网购评价模型及应用［J］．河北大学学报（自然科学版），2016，36（6）：566－573.

［79］韩忠明，张梦，李梦琪，莫倩，刘鹂．有效的社会媒体热点话题传播模型研究［J］．南京大学学报（自然科学版），2015，51（1）：187－196.

［80］何红霞．新媒体条件下茌平县政府应急管理体系研究［D］．西安：陕西师范大学硕士学位论文，2018.

［81］贺军，蒋新辉．"互联网＋"时代突发事件中的政府信息公开：机遇、挑战与应对［J］．秘书，2018（3）：64－72.

［82］胡范铸．实话如何实说：突发公共安全危机管理中的政府信息发布——危机管理的语用分析之二［J］．华东师范大学学报（哲学社会科学版），2003（6）：84-89.

［83］胡江山，林孝鸿．海峡两岸溢油应急合作的意义与设想［C］．海峡两岸"海上溢油应急计划暨集装箱运输"学术研讨会论文集，2002.

［84］胡强，李雪．我国突发事件政府信息公开的法律问题研究［J］．产业与科技论坛，2013，12（21）：68-69.

［85］胡税根．公共危机管理通论［M］．杭州：浙江大学出版社，2009.

［86］胡婷婷．突发事件网络舆情的演化要素及治理策略研究［J］．现代情报，2018，38（10）：51-56.

［87］黄智生，闵一文，林凤，解丹．社交媒体中自杀信息的时间特征［J］．中国数字医学，2019（3）：7-10.

［88］计雷，池宏等．突发事件应急管理［M］．北京：高等教育出版社，2006.

［89］贾茜，陈晓丹．社会媒体研究评述［J］．情报科学，2013，31（8）：141-148.

［90］姜丰．京津冀地方政府应急管理合作的现状及完善对策［J］．现代商业，2013（14）：180-181.

［91］姜平．突发事件应急管理［M］．北京：国家行政学院出版社，2011.

［92］蒋爱鑫．京津冀雾霾防治联合预警和应急制度研究［D］．北京：中国地质大学（北京）硕士学位论文，2017.

［93］蒋翠清，梁坤，丁勇，刘士喜，刘尧．基于社会媒体的股票行为

预测 [J]．中国管理科学，2015，23（1）：17－24．

［94］金鹿，李春成，王玏．基于 CSSCI 的京津冀协同发展研究的知识图谱分析 [J]．科技与经济，2019，32（3）：85－90．

［95］寇丽平．论事故应急处置中的危机信息管理 [J]．中国公共安全（学术版），2008（1）：52－56．

［96］李昂．基于社会媒体分析的自杀预防 [A] //中国心理学会．第十八届全国心理学学术会议摘要集——心理学与社会发展 [C]．中国心理学会：中国心理学会，2015：2．

［97］李晶．基于词嵌入模型的社会媒体话题识别研究 [D]．深圳：深圳大学硕士学位论文，2016．

［98］李明磊，王红卫，祁超，刘丹，王剑，王喆，周超．非常规突发事件应急决策方法研究 [J]．中国安全科学学报，2012，22（3）：158－163．

［99］李伟超，张宏亮，姚刚．城市洪水灾害及人员撤离模型建立与仿真 [J]．计算机仿真，2012，29（8）：405－408．

［100］李昕欣，李珉，王杰．京津冀区域经济一体化视阈下应急产业协同发展探析 [J]．中国商论，2018（30）：128－129．

［101］李亚丽．论我国突发事件中的政府信息公开制度 [D]．北京：中国政法大学硕士学位论文，2009．

［102］李洋．社会媒体信息推荐关键技术研究 [D]．哈尔滨：哈尔滨工业大学博士学位论文，2017．

［103］梁欢．社会媒体对消费者满意度的影响研究 [D]．大连：大连理工大学硕士学位论文，2016．

［104］廖望，刘于思，金兼斌．社会媒体时代用户内容生产的激励机

制［J］．新闻与传播研究，2013，20（12）：66-81，120-121.

［105］林家宝，林顺芝，郭金沅．社交媒体超载对用户不持续使用意愿的双刃剑效应［J］．管理学报，2019，16（4）：587-594.

［106］刘冰，彭宗超．跨界危机与预案协同——京津冀地区雾霾天气应急预案的比较分析［J］．同济大学学报（社会科学版），2015，26（4）：67-75.

［107］刘丹，王红卫，祁超，王剑．基于多主体的应急决策组织建模［J］．公共管理学报，2013（4）：78-87.

［108］刘国岩．供应链重大突发事件应急管理的决策机制与数据挖掘技术研究［J］．现代物业（中旬刊），2011，10（1）：66-67.

［109］刘晓慧，罗显刚，刘家奎．3S技术在防汛抗旱指挥决策中的应用［J］．测绘科学，2014（3）：64-67，95.

［110］刘志勇．京津冀一体化进程中群体性事件区域应急管理协调机制研究［J］．武警学院学报，2017，33（1）：82-86.

［111］吕静．突发公共事件网络舆情搜集研判应对策略［J］．新闻爱好者，2019（6）：59-61.

［112］［美］罗伯特·希斯．危机管理［M］．王成等译．北京：中信出版社，2001.

［113］马向国，梁艳，杨慧慧，葛莉莉．基于模糊物元法的京津冀区域应急物流能力评价［J］．物流技术，2017，36（8）：87-94.

［114］毛静馥，苏华．从应对SARS看公共卫生决策的影响因素［J］．中国公共卫生管理，2004，20（2）：102-104.

［115］蒙胜军，李建飞．社交媒体舆论引导效果的影响因素——基于引导主体作用发挥视角的实证研究［J/OL］．西安交通大学学报（社会科学

版）：1 - 10 ［2019 - 04 - 26］. http：//kns. cnki. net/kcms/detail/
61. 1329. C. 20190 314. 0855. 002. html.

［116］闵庆飞，王莎莎，李源. 基于社会化媒体的沟通管理研究［J］.
预测，2013，32（2）：1 - 6.

［117］齐美然，郭子雪. 京津冀一体化背景下完善河北省应急物资储
备体系的对策［J］. 井冈山大学学报（社会科学版），2015，36（4）：
79 - 82.

［118］邱莹，施先亮，华国伟. 纵向行政约束下的事故灾难区域协同
应对策略——以京津冀协同应对事故灾难为例［J］. 管理评论，2019，31
（8）：240 - 249.

［119］曲洪建，何茜. 社交媒体广告营销对传播意愿的影响——基于
行为态度的中介效应分析［J/OL］. 东华大学学报（自然科学版）：1 - 11
［2019 - 04 - 26］. http：//kns. cnki. net/kcms/detail/31. 1865. N. 20190
422. 0947. 002. html.

［120］曲亚萍. 突发事件下应急资源管理的鲁棒决策研究［D］. 重
庆：重庆大学博士学位论文，2014.

［121］曲拥措姆. 面向社会媒体的高校网络舆情分析系统［D］. 哈尔
滨：哈尔滨工业大学硕士学位论文，2016.

［122］申晓留，杨京京，郭瑞鹏. 基于预案的应急决策方法研究［J］.
电视技术，2005（10）：348 - 352.

［123］沈钧戈. 基于社会媒体的旅游数据挖掘与个性化推荐［D］. 西
安：西安电子科技大学博士学位论文，2016.

［124］孙华程. 公共危机信息传播空间结构模型研究［J］. 情报杂志，
2009，28（4）：23 - 27.

［125］孙久文．京津冀协同发展 70 年的回顾与展望［J/OL］．区域经济评论：1 - 7［2019 - 08 - 05］．https：//doi. org/10. 14017/j. cnki. 2095 - 5766. 20190715. 006.

［126］孙玖陌，张滨熠，朱廷劭．基于社会媒体大数据的政府满意度评估［J］．中国党政干部论坛，2017（2）：75 - 77.

［127］孙卢震．近年我国突发性事件中政府信息公开研究［D］．南宁：广西大学硕士学位论文，2012.

［128］孙巍文．社会媒体环境下公众舆论对企业行为的影响研究［D］．上海：华东理工大学硕士学位论文，2013.

［129］谭小群，陈国华．美国应急管理合作对我国跨区域应急管理的启示［J］．工业安全与环保，2011，37（10）：51 - 56.

［130］陶方林．政府应急信息沟通的主要障碍及其应对原则［J］．安徽行政学院学报，2012，3（1）：28 - 32.

［131］田学斌．京津冀协同发展的基本诱因、重大任务与政策创新［J］．中共石家庄市委党校学报，2015，17（8）：8 - 12.

［132］万燕玲．企业社会媒体营销生态系统［J］．湖北社会科学，2012（12）：93 - 96.

［133］汪季玉，王金桃．基于案例推理的应急决策支持系统研究［J］．管理科学，2003（6）：46 - 51.

［134］王丛虎．京津冀协同发展中应急合作问题与策略［J］．北京行政学院学报，2016（2）：49 - 54.

［135］王大玲，冯时，张一飞，于戈．社会媒体多模态、多层次资源推荐技术研究［J］．智能系统学报，2014，9（3）：265 - 275.

［136］王刚桥，刘奕，杨盼，杨锐，张辉．面向突发事件的复杂系统

应急决策方法研究［J］．系统工程理论与实践，2015，35（10）：2449 – 2458.

［137］王宏伟．构建京津冀跨域突发事件应急联动的有效机制［J］．中国应急救援，2017（5）：18 – 23.

［138］王宏伟．从汶川地震到芦山地震：我国巨灾应对模式的进步与展望［J］．中国应急救援，2018（3）：4 – 8.

［139］王景春，林佳秀，侯卫红．京津冀协同发展安全生产应急管理体系研究［J］．石家庄铁道大学学报（社会科学版），2018，12（3）：1 – 6.

［140］王景春，林佳秀，张法．基于 ISM 二维云模型的应急管理协同度研究［J］．中国安全生产科学技术，2019，15（1）：38 – 44.

［141］王庆明．建立环渤海地区应急管理协调联动机制的对策［J］．中共济南市委党校学报，2013（1）：81 – 84.

［142］王新才，何钟涵．基于社会媒体的政府信息服务障碍及策略研究［J］．电子政务，2014（5）：52 – 57.

［143］王旭东．京津冀一体化问题研究［M］．北京：中国财富出版社，2015.

［144］王玉琢，汪祖柱，王金树．社会媒体时代的政民互动现状分析［J］．现代情报，2015，35（9）：39 – 43.

［145］王峥宇．以政府为主导的现代应急救援体系建设研究［D］．南昌：江西财经大学硕士学位论文，2018.

［146］魏加宁．危机与危机管理［J］．管理世界，1994（6）：53 – 59.

［147］吴海涛，应时．基于信息内容和拓扑关系的社会媒体用户兴趣分类［J］．计算机科学，2015，42（4）：185 – 189，198.

［148］吴卫军，邢元振．我国突发事件中的政府信息公开：现状与变革［J］．西南科技大学学报（哲学社会科学版），2011，28（2）：1－6，22.

［149］夏林丽，雷宏．多项目多任务选择计划模型及其智能决策［J］．计算机应用，2012，32（5）：1316－1319.

［150］肖文涛．突发事件与应急管理体系建设［M］．北京：中共中央党校出版社，2015.

［151］肖永磊，刘盛华，刘悦，程学旗，赵文静，任彦，王宇平．社会媒体短文本内容的语义概念关联和扩展［J］．中文信息学报，2014，28（4）：21－28.

［152］薛澜．应尽快建立现代危机管理体系［J］．领导决策信息，2002（1）：27.

［153］严利华，宋英华．非常规突发事件网络舆情的关键要素和发生逻辑［J］．中国应急管理，2015（4）：14－19.

［154］严蓉．组织间目标差异对组织间应急合作关系的影响研究——基于沟通的中介作用［D］．武汉：武汉纺织大学硕士学位论文，2014.

［155］杨嫚，曹聪颖，程媛媛．社交媒体头像呈现与使用动机研究——以大学生微信应用为例［J］．北京理工大学学报（社会科学版），2019，21（2）：182－188.

［156］叶尔郎·马季耶夫．论社会媒体对中国治理的影响［D］．上海：复旦大学硕士学位论文，2013.

［157］叶君飞．跨界突发水污染的政府应急合作机制探索——以三峡库区为例［J］．管理观察，2013（21）：7－9.

［158］余冲，李晶，孙旭东，傅向华．基于词嵌入与概率主题模型的

社会媒体话题识别［J］．计算机工程，2017，43（12）：184-191．

［159］袁振龙．社会安全事件应急预警能力建设初探［J］．新视野，2012（4）：67-70．

［160］曾大军，曹志冬．突发事件态势感知与决策支持的大数据解决方案［J］．中国应急管理，2013（11）：15-23．

［161］曾盈．福建省应急信息管理优化研究［D］．福州：福建农林大学博士学位论文，2018．

［162］张大勇，王妍．社交媒体用户综合影响力检测方法研究［J］．情报科学，2019，37（4）：10-16．

［163］张海兵．社会媒体环境下高校网络舆论的特点及引导策略［J］．新闻知识，2013（11）：85-86，15．

［164］张纪海，王之乐．基于资源配置的城市群应急体系设计研究——以京、津、冀城市群为例［J］．北京理工大学学报（社会科学版），2014，16（5）：103-107．

［165］张世勋．突发事件中的政府信息公开研究［D］．大连：大连海事大学硕士学位论文，2014．

［166］张伟，徐晖，孙楠楠，郭其云．京津冀一体化背景下应急救援指挥体系构建［J］．消防科学与技术，2018，37（7）：962-965．

［167］张相君．区域海洋污染应急合作制度的利益层次化分析［D］．厦门：厦门大学博士学位论文，2007．

［168］张自立，姜明辉．社会媒体用户对谣言关注度的实证研究［J］．情报杂志，2012，31（12）：81-85．

［169］张自立，李向阳，王桂森．基于生产能力储备的应急物资协议企业选择研究［J］．运筹与管理，2009，18（1）：146-150，162．

［170］赵惠东．社会媒体中的用户偏好建模研究［D］．北京：北京邮电大学硕士学位论文，2016.

［171］郑琛，董武．脆弱性视角下京津冀应急联动机制研究［J］．天津行政学院学报，2018，20（4）：36－42.

［172］郑思婧．论政府危机信息管理机制的构建——由深圳小学生绑架案引发的思考［J］．经营管理者，2010（7）：94－95.

［173］郑向敏，邹永广．中泰旅游突发事件应急处置与合作机制研究［J］．华侨大学学报（哲学社会科学版），2013（2）：36－45.

［174］郑远攀，金保华，苏晓珂．面向省级应急平台的突发事件案例库系统设计［J］．安全与环境学报，2012，12（3）：248－251.

［175］钟伟军．社会媒体对集体抗议运动的塑造：一种世界性的趋势［J］．国际论坛，2014，16（3）：19－24，79－80.

［176］周京奎，龚明远，张朕．京津冀产业协同发展机制创新研究［J］．长白学刊，2019（2）：95－103.

［177］周立群．京津冀协同应灾管理中的问题与对策研究［D］．保定：河北大学硕士学位论文，2019.

［178］周全胜，刘斌志．论灾难性突发事件中的政府危机沟通［J］．云南行政学院学报，2010（6）：79－82.

［179］周竹军，蒋奕．"12·7"事故对珠江口区域溢油应急合作的启发［J］．中国海事，2009（6）：54－57.

［180］朱薇．铁路自然灾害应急管理［D］．成都：西南交通大学硕士学位论文，2018.

［181］朱新霞，辛邦颖．城市空气污染治理的数学模型［J］．学园，2010（9）：16－17.

［182］祝合良，叶堂林，张贵祥．京津冀蓝皮书［M］．北京：社会科学文献出版社，2017．

［183］左志富．公共危机事件中政府的信息发布梯度——兼评 2005 年松花江水污染事件中政府的信息发布［J］．中山大学研究生学刊（社会科学版），2006（3）：61 – 67．

后 记

伴随城市化和信息化的进程，近年来人们的社会活动日益增加并日趋多样化，使突发事件变得错综复杂，呈现跨城市、跨区域特点。实际上，城市和区域往往是为了便于管理而被人为划定的行政管理边界，此划定依据并未考虑致灾因子作用的范围，因此真实发生的突发事件所涉及的范围很可能会跨越人为划定的行政地理边界或社会功能边界，形成"跨域突发事件"，单区域应对难度大、效果不显著，因此跨区域应急合作成为大势所趋。

与此同时，社交网络、微博等社会媒体的出现和快速发展给突发事件应急管理带来了全新的机遇与挑战。与突发事件相关的海量社会媒体数据蕴含了突发事件各类构成要素的时空分布、活动及相互关系等极其丰富的知识内涵，正成为应急决策的重要参考信息。

本书针对跨区域突发事件应急决策所面临的数据多源而信息挖掘利用不充分的问题，结合社会媒体数据的特点，从多源信息融合的视角充分考虑多种信息源之间的相关性及其之间可能存在的交互关系，并基于此构建了一套跨区域突发事件应急决策支持体系，探讨建立健全该体系所面临的五大关键问题，提出简要的应对措施。社会媒体情境下跨区域突发事件应急决策支持体系的构建与研究不仅能够丰富和发展突发事件应急管理理论，而且能为跨区域突发事件应急决策提供科学依据和实践指导，使决策更加具有前瞻性，最大限度地减少由突发事件带来的人员和财产损失，维护地区社会安全稳定，这也正是本书研究的主旨。

2019 年动笔撰写本书，完稿于 2020 年 12 月。在本书的撰写过程中，正值新型冠状肺炎病毒在全球蔓延，笔者利用自身在突发事件应急管理方面的经验和积累，联合来自中国疾病预防控制中心传染病预防控制所具有丰富的传染疾病预防控制相关的研究经验和数据样本的李马超副研究员、来自中国医学科学院（北京协和医学院）医学信息研究所拥有丰富的公共卫生服务体系研究和生物安全方面的医学理论和实践经验的栾冠楠副研究馆员组成研究团队，以"重大突发公共卫生事件快速风险评估、决策支持和响应机制"为课题，积极参与了国家自然科学基金"新冠肺炎疫情等公共卫生事件的应对、治理及影响"专项项目的申报工作。在申报材料的准备过程中，为检验项目提出的系统框架及各模块算法的有效性，课题组需要获得与突发公共卫生事件相关的不同类型的数据样本。课题组成员通过五种渠道获得了包括统计局和卫健委等在内的诸多官方网站、政府和国家卫生健康委员会等相关应急管理机构、疾病预防控制中心、网络爬虫程序抓取、微博微信和新闻客户端等社会媒体在内的大量数据样本。这些研究工作也进一步丰富和拓展了本书在跨区域乃至涉及全球化的突发公共卫生事件的应急响应和管理方面的研究，为本书的深入研究和拓展奠定了良好的理论和数据基础。

在本书即将完成之际，我要向我的家人、领导、同事、我指导的研究生以及所有关心、支持和帮助我的朋友们表示衷心的感谢。

首先感谢家人的理解、陪伴以及给予我后勤上的支持，正是有了你们，才让我有更多时间专心研究、撰写本书，你们的支持和鼓励是我不断前进的动力。感谢我的父母，在我撰写本书和做研究期间帮我照顾好我的一双儿女，让我能够安心无忧地写作。感谢我的先生，无条件支持我的工作，给予我精神上的鼓励，没有你的支持和鼓励我很难平衡工作、写作和陪伴孩子的矛盾。感谢儿子和女儿，写作疲劳的时候，看到你们的笑脸就又充满了动力，我希望做你们眼里最努力的妈妈。

同时，感谢领导、同事、学生和朋友们一直以来的支持、帮助和鼓励，感谢经济管理出版社的副总编辑张永美、编辑梁植睿及其同人们为本书的修改提出的宝贵意见和付出的辛勤劳动。

最后，感谢北京市社会科学基金项目（15JGB212）、北京市优秀人才培养资助青年拔尖个人项目（2016000026833ZS07）、北京市教委社科重点项目（SZ20161003821）、北京市教委青年拔尖人才培育计划的资助，以及首都经济贸易大学特大城市经济社会发展研究协同创新中心的资助。

陆文婷

2020 年 12 月于北京市